河出文庫

適当教典

高田純次

河出書房新社

祝！

第32回
くらしのうるおい
コンテスト

金賞

受賞

本書は、高田純次氏秘密のボランティア活動団体・千駄ヶ谷生活総合研究所にこの10年間寄せられた老若男女の人生の悩みに、高田氏が愛と救済の魂で応えた、一問一答の抜粋集である。

目次

本文内イラスト：安居院一展

章扉及び格言　高田純次（筆）

第一章

肉のからだ

おっぱいには
希望が
入ってる

僕は健康にだけは自信があるんだよね。僕をいつまでも健康でいさせてくれるのは、神が僕に何かをさせたがってるのかも？——な̶ーんて風呂上がりにはいつも思うんだよね。

これで女の子を誰でも喜ばせられるモノを持っていたら、体にピッチリ張りつく短パンはいて街を歩いたりするんだけどね。あとナニがタテに五センチ、ヨコに一センチ大きかったら僕の人生も変わっていたと思うな。ちなみに僕の初体験は中三。女の先輩に「一発やっていきな」って言われてやったんだけど、何がなんだかよくわかんなかったなぁ。

だけど恐ろしいことに人間、年とってくるとセックスしなくてもいいや、なんて思うようになってきちゃうんだよ。そうなったらどんどん老け込んじゃうからダメ！　パワーがありすぎて常に右手が動いているくらいじゃないとね。車を運転しながらでも。スケベなヤツってのはパワーがあるよね。どんなに忙しくてもエッチだけはやっとかないとダメよ。木のマタでも入れとかないと。障子のふすま二～三枚ブスブスって破るくらいがちょうどいいね。

でもこういうパワーのあるヤツがコロッと死ぬときもあるやね。〝ネズミの心臓、ゾウの心臓〟じゃないけど、生きてる間に打つ脈の回数は決まってるらしいから、あまりコーフンばっかりしてると、ガンガン脈打って早死にしちゃうのよ。怖いよねぇ。

ま、それはさておき、若者にはもっと正常位でセックスしてほしいよね。正常位が一番！ アブノーマルプレイって、ずっと続けてるとアブノーマルじゃなくなっちゃうでしょ。たまにやるからアブノーマルなの！ 試しに毎日カーセックスしてごらんよ。きっと普通になって飽きちゃうから。今度は船の上でやるべ、とかどんどん次のを考えなきゃならなくなっちゃう。そうするうちに、セックスするのも面倒くさくなっちゃうんだよね。

人間なんて、ホントに慣れる動物。昔はTバックなんてなかったのに、今はすっかり普通だし。それに普通のヌード写真集見ても、もう勃《た》たないでしょ？　昔は八十歳くらいのババアがちらりと見せてたくらいよ。二十歳くらいの子がヘア見せたら大変よ、警察に捕まっちゃうよね。風俗だって今は若い子がいるからね。昔は五十歳か六十歳のババアが「どうも」って出てきてたのに……。よわっちゃうよねぇ。

こんなふうに刺激、刺激を求めすぎると、四十八手も将来は二百手くらいになるかもしれないぞ。四十八手なんて古い古い、なんつってな！

そんな時代だからこそ、僕は古式ゆかしい正常位をもっと普及させたいんだね。変わったことばっかしてちゃ、ダメよ。

肉・からだの悩み

高田先生との一問一答

Q

高田先生、ちょっと太って今、七〇キロなんだけど、やせる必要ないよね。（45歳　主婦）

A

当然だよ。だいたい、七〇キロっていうのが中途ハンパな体重だよね。やっぱり**キリのいいところで一〇〇キロ**とかにならないと！　それに太ってる太ってないの基準なんてどこにもないんだから。七〇キロで普通だと思えば普通だしね。この人にはこれからどんどん太ってほしいね。だって食べたものが形になって表れるって、ある意味すごいことよ。これは素晴らしい財産だよ。われわれ凡人は、食べたものがウンコになって、結局何も残らないんだから。

Q

私の彼はエッチのときにかならずオナニーをさせるんです。彼って変態ですか？

（20歳　女子大生）

A

いや、むしろ正常だね。男は視覚で楽しむ動物で、女は触覚で楽しむ動物。普通はなかなかオナニーしてって言い出せないんだけど、この彼は正直に言ってるわけ。**リッパな彼氏**だね。

だからあなたも、これからは「ねえねえ、今からオナニーするから見て」って明るく言ってあげてもいいんじゃない？

「今度はオシッコ

もしちゃうぞ！」とかね。ウンコもするっていうと、彼も「いや、そこまではしなくていいよ」って断るかもしれないなぁ。

オレも昔、カミさんにセーラー服着てくれって言ったことあるのよ。もちろん、ぶん殴られたけどね。ま、この歳になって**全裸にエプロン**つけられても、それはそれで厳しいもんがあるんだけどさ。

Q

給食で嫌いなものが出たときはどうすればいいですか？

（小学5年生　男）

A

君のような子のためにビニール袋は発明されたんじゃない。給食で嫌いなものが出たら、友達にわかんないように、そっとビニール袋に入れてゴミ箱に捨てちゃうの。

もう、これが一番だろうね。これがいやなら給食係に百円、二百円渡して「僕にはあれ入れないで」って買収するしかないよ。小学生でも**出費を惜しんじゃダメ！**

人間だれしも好き嫌いはあるからなぁ。オレはトマトがダメだからね。子供の頃、畑になってたトマトを食べたら、熟しすぎちゃって腐り始めてたの。もう、あれからダメだね、トマトは。炉端焼き屋とかで冷やしトマト食べてるヤツは人間じゃないと思ってるからね。「冷たくておいしい」なーんて言ってるヤツがいたら、思わずそいつの顔を五分くらい見つめちゃう。こいつの人生、大変だったんだろうなぁって。そういう人間が世の中にいるってこと自体、**もう少し構造改革**をしなきゃって思うよね。

基本的に僕、ダメなものはダメだから。克服しようという気持ちが根本からないんだろうね。でも、べつにダメだったらダメのままでいいんじゃないって思うよ、僕は。

Q

中二になる娘の担任に恋をしてしまいました。この先生は国語を担当していて、どこか文学青年といった感じ。もうこの気持ちを抑えることができません。一回でいいからエッチしたいのです。

（40歳　主婦）

A

するべきじゃないの～。そしたら**娘もひいきに**してくれるだろうし。絶対にやるべきだね。一回ならオヤジもわかんないだろうから。

どういう作戦がいいかなぁ。とりあえず一流ホテルのロビーかなんかに呼び出してみるか！　だってほら、野っぱじゃエッチできないんだから。それで「実は渡したいものがあるんです。ちょっと部屋まで来てもらえます？」とか言ってね。先生が部屋に入ってきたらもうこっちのもんよ。てめぇのカラダ渡しちゃえば、先生も「なんだ、渡したいものってコレだったのか。ハハハハー」なんて言ってくれるよ。まぁ、文学青年だし、エッチしながらエロ小説なんか読んであげると盛り上がるかもしれないよね。それか例えば太宰が好きなら、**死にそうな格好のコスプレ**とかね。アハハハハ。

Q

本屋に行くとウンチに行きたくなるのはどうしてでしょう?

（19歳　浪人生）

A

もしかしたら本の匂いが肛門を刺激するのかな。それとも大便をもよおすと本屋に行きたくなるのかもしれない。**ウンチが先か、本屋が先か。**これは難しくなってきたぞ。何か実験したほうがいいんじゃない？その企画を『ためしてガッテン』に持ち込んで一財産稼ぐってのもいいかもね。

Q もう、自分のブサイク顔に耐えられない。整形手術をしてもいいですよね？
（25歳　OL）

A 何のために〝整形〟という二文字があるのよ！　〝ととのえる〟〝かたち〟と書くんだよ、整形は。ただ美人にしてくれって言うと、だいたい同じ顔になっちゃうんだよなぁ。だからもう、思いきって目なんて顔の半分くらい大きくしちゃえば？　中途ハンパじゃダメダメ。それか反対にゴマっくらいに目を小さくしたらどうだろう。逆に目立つかもしれないよ。「君、変わってるね」とか言われて。

実は僕も整形して、二十歳くらい若くしようと思ってるんだよねー。どうしても重力で皮膚が下に落ちてきちゃうから、ガッと上げて、**毛穴も全部、パテで埋めて**さぁ、もう仮面のようにするか？　ハハハハ。それか、オレいい男すぎるから、昔の宍戸錠さんみたいにほっぺになんか入れて、ほっぺ大きくしたりね。でも、おねぇちゃんに、「ほっぺなんか大きくするより**下のほうを大きくして**」って言われちゃうかもな〜。

◎この相談者からの感謝のお便りは二九ページ←

Q

いい歳してまだ童貞です。僕は一生童貞なのでしょうか？

（29歳　自営業）

A

うん、一生童貞だと思うよ。そういうのもアリだよね。逆に、童貞を続けてほしいよね！

その君の**童貞パワーを仕事と国のために**使ってほしいよね。ほら、童貞パワーって何か怖い感じがするじゃん、がむしゃらにきそうで。仕事でミスしても「すいません。僕、童貞なんで！」みたいなね。でもそう言われたら相手も「そっか童貞なのか。それならしょうがねえなぁ」って言って許してくれるよきっと。会社の㊙文書流しても「僕、童貞ですから」って言われちゃえば「やっぱり。ならしょうがねぇなぁ」ってなるしね。え？　ならない？　いや、なるでしょう。**だって童貞なんだよ。**

Q

ばあさんのほかにも好きな人ができてしまった。告白すべきか悩んでいる。高田、どうすればいい？

（70歳　無職）

A

おじいちゃんは七十歳か。じゃ、**生きてあと十年**だな。でも相手に告白したら、それだけでもう五年は長生きできるかもしれないよ。とりあえず長生きしたいなら告白しようよ！　とっておきのバイアグラ一錠あげるから。

おじいちゃんは、この歳で勝負の時がきたんだね。おじいちゃんは死ぬまでに**もうヒト花咲かせたい**のか、咲かせたくないのか……。それ以上のことは他人の人生、オレには口出しできないねえ。

Q

おっぱいの中には何が入っているの？

（4歳　ひろし）

A

実を言うとね、おっぱいの中には希望が入っているの。みんな**希望を吸って**大きくなっているんだよ。でも、もんだりしたらだめだよ。〝希望〟が〝欲望〟に変わっちゃうからね。ハハハハハ。オレもうまいこと言うねえ〜。

Q

二十五歳にしてハゲ上がってきてしまいました。何かいい方法はありませんか?

（25歳　営業マン）

A

ハゲてるのは前なのかな、後ろなのかな? 今のところ、医学的に治せるのは後ろだけだから、前だとしたら植毛するしかないねぇ。

かつらもいいよね。周りの人にかつらだってことを知られると、相手は頭部を見ないようになるし。僕も俳優のKMさんと会ったときは、眉から上は見れなかったもんな。あるいは坊主にするとか。坊主にして売れた、井手らっきょとかブルース・ウィリスみたいな男もいるわけだし。個人的には隠さずに見せちゃうのが一番だと思うけどね。チンコが小さいのも**カブってる****のも売り**にしちゃえばいいんだから。あ、ただしそれは、見せて歩くと捕まっちゃうから気をつけてね！　新しい方法としては、**入れ墨で****髪を描いちゃう**ってのはどうかな。話題を呼ぶこと間違いナシと思うけど。案外それがはやったりしたら君はトップランナーだよ。うん、やってみようよ。

Q

性病は怖いけど、やっぱ生エッチをしてしまいます。だって気持ちいいんだもん。それでもゴムつけたほうがいいですか？

（19歳　フリーター）

A

大丈夫。性病になったら**知り合いの赤枝先生**を紹介してあげるから、やりたいだけやってちょうだい。

Q

最近、悩みごとが多くて眠れません。何かいい方法はないですか？

（25歳　ＯＬ）

A

オレに言わせれば悩みごとがなくてぐっすり眠れるヤツのほうが、完全にビョーキだね。もう、ピーポーパーポーだよ。悩むってことはべつに特別なことじゃないんだから。**人間のサガなんだから！**　こんなこと一般常識のひとつだよ。そんなに寝れないなら三日間、寝ないでいてみたら？四日目にはかならず眠れると思うよ。もう、ふらっふらっになってね（笑）。

実は僕だって事務所の社員のことで悩んで悩んで。寝る前なんて社員のことしか考えてないからねぇ。今、あの子たちはどうしてるだろう……危険な目に遭ってないだろうかとか。ほんと毎日のように**枕を涙で濡らしてるね。**

確かもう、二年は眠ってないかな（笑）。

Q

僕は痔《じ》持ちです。手術したほうがいいでしょうか？

（30歳　男）

A

絶対するべきだよね。痔の手術っていうのは公然とあるんだから。知ってる？　手術っていうのは悪いところを治すためにやるものなんだよ。でも、オレはやらないけどね。

オレも三十ぐらいのときかな、痔持ちになったのは。劇団で寒い中、力入れて芝居したりドライバーのバイトとかしてると、ケツにみんな血がいっちゃうんだよ。それで痔になっちゃったんだ。

僕が痔の手術をしない理由？　やっぱり**僕、パーフェクトな人間でしょ、**だからひとつくらいマイナスな部分を持ってないとね。ハハハハハハハー。もちろん、痛いのよね。だからバスで三時間かけて行くロケのときは、二時間たったあたりから十センチくらいお尻あげて座ってるんだから。刺激物なんて飲んだらもう大変。血がお尻から噴き出るからね。この前、**十年ものの蓬莱人参酒**飲んだら、もうすごいことになった。女の子が毎月こんなことになってると思うとビックリするね。あっ、でも血が出ないほうがかえってビックリだったりするか？　ガハハハハ。

そう言えば聞いた話によると、日本人には痔持ちが多いらしいよ。畑仕事したり、和式トイレでお尻の穴をビーって開いたり、正座とかもするでしょ。そうするとケツに血がたまりやすくなるんだよね。そんで日本人がウォシュレットを発明したんだもん。痔はお尻の穴を清潔にしとかなきゃいけないからね。

まぁ、痔を治す一番の方法は、**壁に向かって逆立ち**をすることだね。そうすると悪い血がどんどん脳のほうへ行くから。ただ、この方法には、バカになるっていう欠点があるんだよなぁ。

Q

このあいだ、うんちをしたら赤いうんちがでたよ。びょうきかな。

（3歳　こうたろう）

A

それは病気だね。

早く、小児科に行ったほうがいいよ。

それ以上言いようがないよなぁ。

悩める小羊からの感謝のお便り、
その、ほんの一部をご紹介!!

高田先生!

私、幸せになりました〜

川上ユリ絵(仮名)さんからの感謝のお便り
25歳・群馬県M市在住・OL

**目を大きくしたら友達が減ったので、
今度は小さくしてみました。大成功!**

高田先生に言われて決心がつきました。

すぐに近所の整形外科に行ったら、「ポイントは目ですね」と先生にも言われ、やっぱり高田さんの言ってたことは正しいんだなって確信を持ちました。最初は予定通り、かなり大きくしてみました。私としてはとても気に入ったんですけど、どういうわけか周囲の反応がよくなくて。友達との距離ができたようなので、次は作戦その2で小さくしてみました。目が小さくなると、視野が限られて余計なことも見えなくなるし、本当、世界観が変わりました。友達以外の人も、みんな寄ってくるようになりました。

これからも折にふれて整形をしていこうと思います。高田さん、ありがとうございました。

日本全国 喜びの声♥声♥声！

ありがとう

～あなたの教えで、

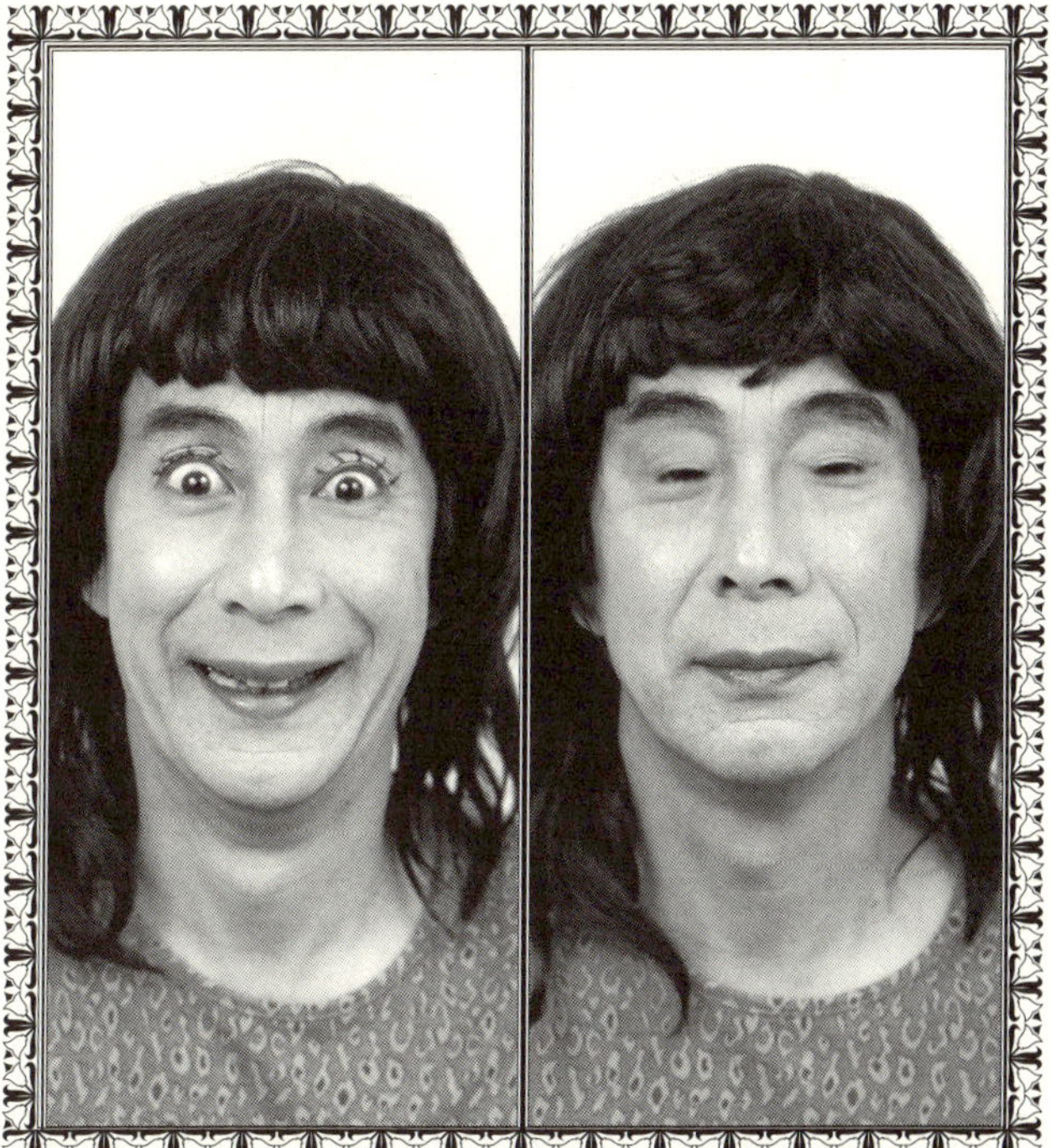

癒しの写真館 その1

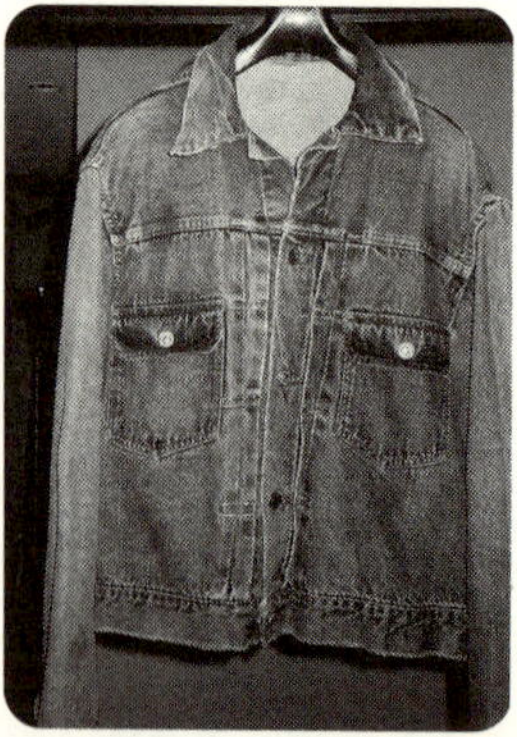

デザイナー学院時代にこのリーバイス・セカンドを着てよくナンパした。

「相棒」

「Hey、純次！
ナンパしに行こうよ」
リーバイスのセカンドは、
いつもオレを誘った。
オレはしょうがなく、
コイツを着てナンパにくり出す
三十年前の御茶ノ水の街に。
デザイナーくずれのオレは、
モテるわけもなく
いつもコイツのせいにした。

「たまには、ナンパしにいくか！
五十四歳のオッサンにひっかかる
女もいるかもよ」
オレは、セカンドに声をかける。
数十年吊るしたままのセカンドが、
少しニヤリとする。
そしてオレは久々、
コイツに袖をとおした。

高田純次

photo by Junji Takada

第二章

マネー

納得いかないのは
俺のギャラ

お金は夢を追うためのひとつの要素だよね。お金がないとなかなかやりたいこともできないしね。だからお金は全然ないと困るけど、あんまりありすぎても困っちゃうんだよ。オレも若い頃二百万の貯金があったから、宝石会社を辞めて劇団をやろうなんてバカな考え起こしちゃったんだからさぁ。そういう無駄なお金があると悪魔がささやくんだよ。無意味に金持ってるヤツってかならず、議員に立候補しようとか、土地を転がして儲けようとかするでしょ。で、失敗するのよ。ホント、無駄にお金を持っちゃダメ！

今の日本は、お金を持ちすぎてるよ。みんなもう少しギリギリのところで生きなきゃ。オレの場合は別よ。オレ、ほら事務所やってるから、多少はお金がないとキツイのよ。社員全員がボランティアでやってくれるっていうなら話は別だけど。もう、世の中の金は、全部オレにくれ！　って感じ。オレお金大好きだからねぇ。道に十円玉が落ちてたりしたら、われ先に拾うしね。もしオレより先に拾いそうなヤツがいたら、そいつをぶん殴ってでも拾うね。

それにしてもお金をうまく使うって難しいよなぁ。オレが劇団やってるとき、かあちゃんにおこづかい五百円もらうと、焼き鳥十本食べればいいのに、焼き鳥は二本くらいにしてインベーダーゲームをやっちゃってた。なんにも残らないのにね（笑）。今でも、海外旅行すれば数万円の木彫りの置物とか買っちゃうのよ。オレにしてみたら「いい買い物をしたな」って思ってるんだけど、周りから見ると無駄遣いらしいんだよ。不思議だよね。ホント、お金をうまく使う方法があったら教えてほしいよ。

そうそう今日は特別に楽して儲かる方法を教えちゃう。誰にも言っちゃあダメだよ〜。まずひとつは、死ぬほどお金を借りて返さないっての。ありとあらゆるところから金を借りまくるのよ。一千万、二千万じゃダメよ。何十億って借りなきゃ！　で、あとは返せませんって知らんぷり。これは儲かるよ〜。まぁ、これが俗に言う不良債権ってヤツなんだけどね。あと、日本全国を廻って、日本国民一人ひとりに一円ずつ寄付してもらうってのはどうだろう。一億二千万円は集まると思うよ。ま、一生かかるとは思うけどね……。でも、この話にはひとつ落とし穴があるのよ。人間、旅をしてれば、腹も減るし宿代もかかるから、寄付してもらったお金を使っちゃう可能性があるんだよ（笑）。

で、最後に一番現実的な話としては、自動販売機の下をのぞいてみたらどうかな。十円は見つかると思うな。でも、百円見つけるのは相当難しいと思うよ。ほら、みんな百円落としたときは死ぬ気で探すけど、十円の場合は「ま、いっか」なんて思ったりするからさー。

このどれかをひとつでも実行すれば、かならず金持ちになれると思うよ。何ごともやってみなきゃ何も生まれないからね。

マネーの悩み
高田先生との一問一答

Q

今、マンションを買おうと思っています。年をとると、賃貸物件も借りることが厳しくなるという噂を聞きました。今は買いどきでしょうか?

（40歳　独身OL）

A

買いどきだねぇ。**今、買わないでいつ買うのよ！**

オレの言葉を聞いた瞬間に買いに行ってほしいよね。四十まで独身ってことは、今まで何も行動を起こしてなかったってことだからね。ぜひ、実行してほしいね。ただ、マンションは買ったときより値が落ちるってことは頭に入れておいたほうがいいよ。それはしょうがないよね。でも、賃貸で毎月十万円払ってるよりはましだよ。だって、年間百二十万、十年で一千二百万、ドブに捨ててるようなもんなんだからね。それで何も残らないんだよー。買ったほうがいいに決まってるじゃん。もしかしたらその**マンション目当てで男も**寄ってくるかもしれないよ。それで、その男にマンション取られて、泣くっていうのもひとつの人生だね。

それにしても今は金利が低いから絶対お得だよね。昔は例えば五千万円借りたら、結局八千万円くらい返すことになってた。でも、今は六千万円くらいでいいんだから。ホント、いい時代だよねぇ。そうは言ってもひとつ気をつけてほしいのは、**不動産屋のチラシ！**あれはどんな悪い物件でもガンガン載せてるんだから。不動産屋なんて、いい物件、悪い物件関係なく、売れちまえば三パーセントくらいの手数料がもらえるから、もうなんだっていいのよ。ホント気をつけてね。だから買うときは、多少自分で施工会社とか大もとの不動産屋とか意識して見ておいたほうがいいよね。

オレが初めてマンション買ったのは三十五歳くらいだったかな。宮崎台にあるマンションで3LDK、三千四百五十万円。五世帯くらいで抽選して当たったのよ。その頃からオレは運がいいんだねぇ。ハハハハ。で、このマンションをバブルのときに八千万円くらいで売って家を建てたんだよ。すごいでしょう！　でも、この家が全然売れなくて。売れたときは結局、建てたときより安くしか売れなかったから、**何だかんだでプラスマイナスゼロ。**うまくできてるよねぇ。

で、僕がマンションや家を買ったときの経験から言えることはふたつあるね。ひとつめは例えば三千万円用意すると、かならず三千三百万くらいでいいマンションが現われるの。で、まぁ三百万円くらいのプラスはいいかって思っちゃうんだよ。**これが落とし穴**だね。この三百万を返すのが意外に大変なのよ。それに引越し代でいろいろお金もかかるし。だから、三千万円用意したときは二千八百万円の物件を探すこと。最近、越して来たこの事務所のブラインドだって、**お金がないからダイエーで買ってきた**からね。

あと、もうひとつは日当たりは大事ってこと。オレは日当たりさえよければ、どんな物件でも我慢していいと思ってるからね。昔、日当たりの悪いところに住んでたときにオレ、明るい人間なのに暗い人間になったからね。毎日、死ぬことばっかし考えてた（笑）。人間、日向の道を歩かなきゃダメ！　とにかく日陰を歩いてきた人間だからよくわかる。そう言えば、この事務所、あんまり日当たりがよくないなぁ。一応、東南の角部屋なんだけどなぁ。隣のビルをぶっ壊さなきゃダメか～！

Q

宝くじで一億円当てる方法を教えてください。

（29歳　公務員）

A

これが意外と難しそうにみえて、**実は簡単。**一億円がよく当たるお店ってあるでしょ、そこの宝くじを全部買い占めちゃうのよ。三年間これをやり続ければ、一億円当たる可能性はかなり高くなるはず。とにかく三年我慢してれば、この人は当たるね……**そんな気がする。**アハハハハ。もし、当たらなかったら、別の店で三年ヤッたほうがいいね。そうすれば今度こそは一億円当たる……**気がするね。**でも、一億当たったら大変なことになるなぁ。きっとオレは、妻子に五千万円渡して、残りの五千万円持ってパリに住むね。で、二十歳くらいの**パリジェンヌと恋**に落ちたりしてね。いいねぇ〜。そんで**屋根裏部屋で絵を描いたり**するのよ。そんで窓から、隣の画家に「ハ〜イ」なんて手を上げたりするんだよ。もう、最高だね。こいつに一億円当たる方法を教えてる場合じゃねぇな。なんとかしてオレが当てなきゃ！

Q

お客さんがマンションを買ってくれるって言うんですけど、どうしましょう。それって囲われるってことですよね？

（25歳　ホステス）

A

そりゃ買ってもらうしかないでしょ！

マンションが三千万円として、お相手が一回三万円ならば、**本当は千回相手**しなきゃならないのに、何もしないでくれるっていうんだよ。冷静に計算しないと。ま、名義はちゃんと自分のものになるのかとか、いろいろ確認したほうがいいけどね。

それで自分のものになったら部屋の鍵変えて、店も変えて終わりでしょ。いや、でもね、三千万円のマンション買ってくれるなんて、**男気のある人**だね、このお客さん。僕は尊敬しちゃうなあ。

Q

株をやりたいと思っているんですけど、今は何が買いどきですか？

（35歳　サラリーマン）

A

あ～、あなたは本屋に行くと『2002年版会社四季報』というのが売ってるから、とりあえずそれを買いなさいよ！　それで有力企業の株の推移とかを勉強して、自分がいけると思った株を買ったほうがいいんじゃない。まぁ、こうやって全部、当たってれば株やってる人はみんな大金持ちだろうけどね。儲ける可能性はあるけど、いつでも儲かるとも言い切れないのも、まぁ現実。でもコレは競馬の予想だって同じようなことでしょ。

オレなんかもちょこっと**株やってる**から日経新聞読んだりするじゃない。そうすると、頭がよくなった錯覚に陥るんだよね。人間、錯覚も大事だからね。自分が勘違いしてるのが一番幸せなんだから。〝知らぬが仏〟ってヤツだね。第三者からみて、〝あいつ勘違いしてる〟って思われても本人がそう思ってなければ、べつにいいんだからさぁ。

なーんてエラそうに語っちゃったけど、それにしてもホント、こんな金、金、金の世の中は、いやだねぇ（笑）。自然回帰でもしてほしいね。ＩＴもなくなって**携帯電話もダイヤル式**になって、自動車なんか木炭車まで戻ってね。男女間も文通だけとかね。そんな世の中にもう一度してほしいね。

Q

私はおごり癖があり、お金もないのに人におごってしまいます。こんなお人好しの私はどうしたらいいでしょうか？

（33歳　学校教師）

A

あなた福の神だね。今、これだけお金にキュウキュウとしてる日本で人と違うことができること自体、素晴らしい！　**第二の勝新太郎**と呼びたいね。とにかく、そういう人がいるって知っただけで僕は今、幸せになった。

オレ？　オレは金を払うなんて当然と思ってるからね。先に帰るときなんか、ポンと金を置いて「**（忍法のポーズで）それではお先にドロン**します」くらい言うねぇ。単にお金払うだけじゃダメ。プラスアルファをつけないとね。「今夜は**フィーバーしようぜ！**」とかさ。

ま、それも年下と行くときに限るけど。年上の人と行くときには、おごってもらうのが当然と思ってるしね。オレの〝いい人〟の判断基準は〝おごってくれるか、くれないか〟。それっきゃないよな、人間の価値を測る基準なんて。だからオレにとっては**みのもんたさん**なんかすごくいい人。

Q

高田さん！　銀行の手数料は高すぎると思いませんか？

（23歳　新社会人）

A

手数料っていうくらいだから、それくらいかかってんじゃないの？　だって、銀行のカードだって銀行の人が作ってくれてるんでしょ。手間だものね。NTTの基本料金のようなものだと思ってあきらめてよ。

第一、それがいやなら銀行になんて預けなきゃいいと思うけどねえ。オレなんかウチの**鉄腕アトムのケース**に入れてるもん！　で、それをどこかでしゃべったら女房にわかっちゃったから、最近は靴箱にしてるけどね。それも靴の下に新聞敷いて、その下に隠してるのー。

まあ銀行の手数料より何より、納得いかないのはオレのギャラだね。三十分のバラエティに出て本当は一千万円もらえてるはずなのに、いろいろ引かれて、いつの間にかンンン円になっちゃうんだからホント困っちゃう。**どの番組も全力投球なのにさ。**ま、社会に寄付していると思えば、それもアリかな。

え？ タクシーの料金は高くないかって？ あ〜、ごめんごめん、オレ、マイカーだから。でも一度、沖縄に行ったとき、すごい目に遭ったな、なんつったっけ、あのホテルは。ロビーにタクシーを呼んでおいたのに来ないから、フロントに聞いたら、ホテルがベンツ出してくれたの。それで、すみませんねえって空港まで連れてってもらったら、着いた途端にダッシュボードがパカッと開いて「ン千円です」だって、サギだよなあ。

それもタクシーより高いの！　頭下げて損しちゃったよ。最初から「金取ります」って言ってくれれば、もっと違う態度とったのに。違う態度っていっても、ふんぞり返るんじゃないよ、**「乗りません！」**ってキッパリ言うの。

Q

幼なじみの友人から百万円を貸してくれと言われました。貸すべきでしょうか？

（35歳　商社勤務）

A

金があるなら貸すべきだろうね。だって友達が困ってるんでしょ。そりゃ貸さなきゃダメだよぉ。金がないなら「オレがローンを組んで君に貸すよ」ぐらいの勢いがないと人間なにやっても成功しないね。困っている人がいたら助ける、っていうのは**基本倫理**みたいなもんだからね。

Q

お金がないので食費を削ろうと考えています。何か安い食材で作れる美味しいものはないですか？

（30歳　主婦）

A

オレ昔、大道具のバイトやってたときによく先輩にお金渡されて、食事作らされたんだけど、そんときのヒット料理は、もやしを茹《ゆ》でたヤツにカツオブシとしょうゆをかけたヤツ。あれはホント、ヒットしたねぇ。先輩にほめられることとほめられること！　酒のつまみにも最高なのよ。しかも、もやしなんて、いくらも金かからないでしょ。もう、今晩から**毎日これっきゃない**よね。あとは、コンビニで賞味期限が切れたお弁当をもらってきて、キレイな皿に盛って食べるのがいいんじゃない？　ごはんはチャーハンにしたりしてさ。期限切れの弁当食ったって**死にゃあしない**んだから。ただ、急速に**やせていく**っていう恐れはあるなぁ。

Q

この前、一年半つき合っていた男と別れました。でも、別れたあとに貸していた五万円を返してもらってないことに気づいたんです。もちろん返してほしいけど、私から振った手前、催促もしにくいし。うまく返してもらう方法はありませんか？

（28歳　OL）

A

別れたあとに金貸してたことに気づくなんて大バカ野郎だね。別れる前に気づけよ！　これって、子供を産んだあとに、**「あっ、私ヤられた**

んだ！」って気づくのと同じくらい間抜けなことよ。ここまでトロいともう言うことないね。もう少し頭のネジを締めてかからないと、人生ってけっこう厳しいからね！　そうだなぁ、あなたにはこの言葉がピッタリ。**〝覆水盆に返らず〟**。一度こぼしてしまった水はもう盆にはもどらない。とりあえず、別れた彼氏から五万円取り戻そうなんてしないで、新しくつき合った彼氏から五万円ふんだくったほうが早いんじゃない？

Q

今、銀行も危ないみたいだし、一千万円を〝金《きん》〟にでも換えようと思っています。〝金〟っていいですか？

（35歳　サラリーマン）

A

今、〝金《きん》〟に換えなければ、もう換えるときはないね。だって銀行に一千万円預けてたって一年たっても一千一万円くらいにしかならないでしょ。もし、〝金〟を買えば、一千二百万になるかもしれないし、九百万になるかもしれない。そのドキドキ感がいいよね。このドキドキ感がなくなってきた時代にねぇ、〝金〟一年間持ってたらすごく楽しいと思うよ。一千万円銀行に預けてたって見えないでしょ。〝金〟に換えれば毎日のように見れるんだよ。オレも「SHOWbyショーバイ」で五〇グラムの〝金〟をふたつもらったんだけど、これを見てるとね、ものすごい幸せな気分になるんだよ。もう、いやなことも全部忘れちゃう。

そう言えば、〝金〟をたくさんの人が作ろうとした話知ってる? なんとか〝金〟を作ろうとみんなガンバッたらしいんだけど、ことごとく失敗したんだって。〝金〟って実はすごい引力を持っている星同士がぶつかってようやくできるらしいよ。比率で言うと、四トンの土から一グラムしか採《と》れないみたいだし。〝金〟ってそれだけ貴重なものなんだよね。
じゃあ、オレが〝金〟を買うかとなると、難しいところだよね。自分の金《かね》になるとまた話が違うから。人の金だから勝負しろって言ってるんで、自分の金ではあまり勝負したくないんだよね。つい銀行に**預けちゃう。**

Q

最近、ゴルフをやろうって友達に誘われるんだけど、ゴルフってけっこう、お金かかるんですよね？

（45歳　サラリーマン）

A

て言うか、お金がかからないもので楽しめるものがあったら、オレに教えてほしいよねぇ。今の世の中、金をかけないで楽しもうって気持ち自体、**人間の道を外れてる**ね。ウォーキングだって歩けば靴底も減るし、腹も減るでしょ。膝《ひざ》に水でも溜まれば、また金もかかるし。もしゴルフをやるなら、一回そうだな、二万円はかかると思ったほうがいいね。僕なんて誘われてしょうがなくゴルフに行ってるんだから。ふふ。

つき合いだからホントしょうがないのよ。だから、自分から誘ったりは絶対にしないね。自分から誘うと**メシをおごらなきゃいけない危険性**があるからねぇ。そういう危険を冒しちゃダメよね人間は。でも、四十五歳くらいになると何かスポーツはしなきゃね。脂肪もついてくるし。オレなんて腹が出てきたから**アブストラクト**っていう健康器具を買って一週間ヤッてたんだけど、今は置き場所に困って困って。あと、昔、通ってたジムにいい感じのダンベルが売ってて、さっそく買ってその日からずーっと棚にしまい込んである（笑）。

Q

街なかで声を掛けられる募金って怪しい。本当にあのお金は寄付されてるの？

（42歳　専業主婦）

A

えっ、そうなの？　僕はそういう形じゃなくて、もっと**大きな形で寄付してる**からわからないなぁ。まぁ、匿名なんだけどね。何かこういうところで僕が寄付している話をすること自体、あんまり気が進まないなぁ。もう、勘弁してよ。僕がたくさんのお金を**チビッコハウスに寄付**している話は。ぐふふ。

僕、ほら、街なかで募金するっていうのはあんまり好きじゃないんだよね。さも募金していますみたいなね。それに募金してもらえる赤い羽根を上着につけてるヤツは、人間じゃないと思ってるからね。

だから僕は、調べても絶対にわからないように寄付してるんだよねぇ。まぁ、**アメリカ式っていうの？**　アメリカは、寄付したときに日本の企業のように名前を出したりしないんだよね。それが、本来のチャリティーの姿だと思うな僕は。僕、たまに寄付しているチビッコハウスの様子を見に行くんだけど、みんなの笑い声が聞こえてくるだけで幸せ。僕はそれだけでいいね。なかなか、こういう話をするのもホントはいやなんだけどね。

◎チビッコハウスからの感謝のお便りは五七ページ←

悩める小羊からの感謝のお便り、
その、ほんの一部をご紹介!!

高田先生!

私、幸せになりました〜

じゅんじくんからの感謝のお便り

5歳・北海道「チビッコハウス」ひなぎく組

みちよ先生にきいたの。

たかだのおじちゃん、ありがとう。

おととい、夕ごはんのとき、みちよ先生が
「きょうはみんなに、うれしいおしらせがあります」

といいました。なんですか? ときくと、

「とってもえらい人から、このチビッコハウスにきふがとどいたの」

えらい人ってだれ? ときくと、

「たかだじゅんじさんっていうの。みんな、名前をおぼえるように、これからまいばん、たかだじゅんじさん、ありがとうって10かいずついいましょうね」といいました。


そしてきょう、そのお金でみちよ先生がクリスマスツリーをかってきました。ぼくたちはたかだじゅんじさんってかいたかみをいっぱいぶらさげました。

それからみんなでおれいのてがみをかきました。たかだのおじちゃん、ありがとう。

日本全国 喜びの声♥声♥声!

ありがとう

~あなたの教えで、

癒しの写真館 その2

宮崎台のマンション。近くの鷺沼というところに、安くて大きなプールがあるという理由でこの場所を選んだ。

「秀和レジデンス」

リビングで
笑い声が響いてた。
娘が笑えば、
女房が笑う
女房が笑えば、
娘が笑う
一番幸せなときだった

今は人手に渡ってる。
初めて買った
３４５０万円のマンション

もしも一度だけ、
願いを叶えてくれるなら
一日でもいい。
あの頃に戻りたい……。

高田純次

photo by Junji Takada

第三章

仕事

上司の机で
ウンコ

今の時代、大卒も増えたし就職も大変だと思うよ。そう言えば、今度、知り合いの息子がトランポリンで世界選手権に出るっていうんだけど、トランポリン自体、やってる人が少ないから狙い目だよね。仕事の資格にしてもヘリコプターの免許とか、ほかの人がやっていないところで、おいしそうなところをいかないと難しい。どんどんマニアックになっていくしかないよね。

そんななかでタレントはやっぱ金になるほうなんじゃないかな。オレなんか宝石会社で涙を流しながら、やっと手取り二十一〜二十二万もらってたけど、タレントならそれくらいはわりとパッと取れちゃう。だけどちょうどいいレベルで、ずっと仕事が続くわけじゃないのが難しいよね。

でも「東京乾電池」に入ったときは、そんなに金持ちになろうとは思ってなかったね。貯金が月々二〜三万くらいできて、休みの日には行楽地に行ければいいかなと。実際『笑ってる場合ですよ』に出るまではキツくて、五十種類くらいのバイトをしたな。それも時給のいいバイトだからキツイのしかない。サウナのパンツたたみとかね。……サウナのパンツって洗わないいんだよ。乾かすだけ。風呂上りできれいになった人がはくから洗う必要もないって言うんだけど、それもチョットなあ。

葬儀屋の運転手もやったよな。これは社員になると、死体扱わないといけないから、バイトでちょうどよかったけど。水商売は男は安いんだよね。だけど十二月になると給料が高くなるから、〈ハリウッド〉っていう店で、「東京乾電池」の小形《おがた》ってのと一緒にウェイターのバイトしてた。そのときすでに三十過ぎなのに、二十歳くらいの若いチーフにアゴで使われて、「バカ野郎、走れ！」とかどなられてたけど、いつもおつまみかっぱらっては、階段でビール飲みながら明日の稽古の話してたね。

バイトでよくお世話になったのはテレビ局のセットの大道具。建て込むときは九千円になって、楽なバラシが七千円。今でも役者の卵の人はこれが多いんじゃないかな。ウチらの劇団は、稽古が長くて一か月半くらいやってたし、年に三本上演したりしたんだよ。そうすると、公演中はバイトできないから、それ以外のときに目いっぱいバイト。特にオレは妻子がいて、ガキがちっちゃかったから、かあちゃんは働けないし、二日間バイトが切れたら即、生活に困るって状態だったね。

タレントの仕事では『天才たけしの元気が出るテレビ』はキツかったね。最初の三年はロケ担当がオレと兵藤ゆきくらいしかいなくて、毎週ひとり三ネタやんないといけないの。でもネタがつまんないと、スタジオでVTR見ててもウケないから、冷や汗出ちゃうのよ。だから精いっぱい芸で笑わせるようにしたりね。一度、真鶴で水中に潜って、フルフェイスかぶったままミルク飲んだり自転車漕いだりしたときは、意識なくなって死ぬかと思ったねぇ。

ま、今もあまり変わらないことやってんだけど。

だけどお笑いって、見てると誰でもできそうな気がするんだよね、きっと。親戚の若いヤツなんか、何やりたいのって聞けば、「クイズの解答者と司会者」だって。オイオイ、それは職業じゃねえぞって。

なんだかんだいっても、オレにとって仕事とは生きる糧《かて》なんだよ。やっぱ、アドレナリンが発生するもんね。仕事は好きだね。風邪ひいて寝てるときだって、そのまま駆けつけたいくらい好きだ……とでも言っておこうか。

仕事の悩み

高田先生との一問一答

Q

私は部下から嫌われているようで、課内の飲み会も私に隠れてこっそりおこなわれているようです。とても寂しいのです。

（45歳　課長）

A

それは誘われなくて正解。

人は負けて初めて**「なにクソ！」**と反発心が生まれるように、人に嫌われてこそ、そのなかで生きていく力が湧いてくるもんでしょ。こういう人こそ伸びてほしいね。サラリーマンの人は会社に入ったら、まず社員全員に嫌われる努力をすること！

オレなんか誰にも好かれちゃう性格だから、タレントとしてこんなところで落ち着いちゃったと**反省しきり。**べつに関係ないヤツには嫌われたってかまわないんだけどね。その代わりプロデューサーが相手だと、額《ひたい》が床につくくらい腰が低くなっちゃう。あなたも社長には嫌われないようにね。でも、もう遅いかもなぁ。

Q

以前は後輩をビシビシ注意していたのですが、最近周囲にお局《つぼね》呼ばわりされてることを知ってから、後輩を注意するのを躊躇《ちゅうちょ》するようになってしまいました。こんな心の弱い私をしかってください。

（35歳　女性経理）

A

いやいやしかるどころか素晴らしいとほめるね。やっと気づいたね　**人生の機微に。**

今までは先輩風を吹かして怒っていたことが、あなたを窮地に追い込んでいたんだね。そんなどうでもいい後輩に注意なんてすることないね。やっぱり、会社ではみんなにいい顔しなきゃ。これが一番！　これからは、後輩にどんどんお金をバラまくことだね。そうすればお局なんて言われなくなるから、絶対に。

オレは、今まで自分より下の後輩をいじめたことなんて一度もないね。むしろ後輩の先頭に立って、イヤな先輩呼び出して注意するタイプだから。権力を振りかざして後輩をいじめるヤツは大嫌いだね。

「実るほど　頭をたれる　稲穂かな」という精神で生きてるからさ。

まぁ、ある意味、僕って神に等しい存在なんだよねぇ。

Q

同じ部署にメチャクチャできる後輩が入ってきちゃいました。僕のほうが二年も先輩なのにけっこうカタなし。ここで生き残る方法を教えてください。

（24歳　メーカー勤務）

A

駅の階段で後輩を突き落とすしかないね！　こういう場合はしょうがないよなぁ。できるヤツが入ってきちゃったんだから。もう、徹底的に後輩をいじめるべきだね。ネチネチやって会社を辞めさせちゃおか〜。机の中にツバを吐いたり、ちょっとお金がかかるけど、興信所を使ってその後輩のアラを探すのもいいかもな。あと、病気持ちの女を送り込むってのもいいなぁ。できる後輩でもさすがに女には弱いだろう。とにかくありとあらゆるいじめをやって辞めさせるっきゃないでしょ。こういうときこそ先輩風を吹かさなきゃ。とりあえず、叩くときに叩いておかないと、追い越されてからじゃ遅いからなぁ。

戦国時代の徳川家康だって織田信

長だってそうでしょう？　自分よりできるヤツはみんなやっつけてきたんだから。

その点、オレの場合は一線抜きん出てたから、オレを脅《おびや》かす存在はなかったんだよねー。ほら、僕、天才でしょ。だから危機感みたいのは一切なかったのよ。オレみたいに頭《ず》抜けちゃうとまた話が別なんだなぁ（笑）。**海で言えば、僕はサメみたいなもん**だから。川でどんなに強い魚がいたって笑っちゃうみたいなね。『元気が出るテレビ』でも島崎（俊郎）が全力でガンバって十のところ、オレは失敗しても十一だからね。アハハハハ。もう、ホント、自分の実力が恐ろしくなることがあるね。

Q

今、会社で私は女性社員にセクハラをしてます。セクハラはそんなにいけないことでしょうか？　私にしてみればコミュニケーションの一環なのですが……。

（45歳　部長）

A

正解だね、ハハハッ！　セクハラっていうのは相手に訴えられなきゃセクハラじゃないからね。訴えられたときに初めて「あっ、セクハラだったんだ」って気づけばいいんじゃない？　まだ、訴えられていないなら、もっと過激なことしなきゃ。**自分のチンポを「ちょんまげ」**って女性社員の頭の上に置いてみたり。それでも訴えられないようだったら、それはセクハラじゃないと思うな。この人は、勝手に自分でセクハラかも？って思ってるだけでしょ。女性のほうは意外と喜んでるかもよ。こりゃとりあえず、相手の女性からもこっちに一報もらったほうがいいかもなぁ。

もし、その女性がセクハラで訴えるっていうなら、訴えたほうがいいだろうねぇ。やっぱりこの男にも罪は償ってもらわないと。そりゃそうだよ。仕事場で**オチンチン出して「ちょんまげ」**なんてやってるヤツはある意味、人間じゃないからね。訴えられて当然だよなぁ。こういうやつのために警察があるんだよ。犬や猫だったらまだわかるけど、一応、人間なんでしょ。そりゃまずいよ。ハハハハ。犬だってそこらじゅうで交尾しちゃうのは**犬のおまわりさんがいないから**やっちゃうんだから。もし犬のおまわりさんがいたら、やらなくなると思うよ。でも、この間、スタイリストの子に「縁起もんだから、おっぱいもませてくれ」って言ったら「やだ」って断られた。なかなかもませてくれないよねぇ、おっぱいは……。待てよ、彼女の頭の上に「ちょんまげ」っていってオレのチンポのせたらどうなるだろう。「もう、こんなとこに乗せてー」とか言われて**口にもってかれたら**それも困るけどなぁ。

◎この相談者からの感謝のお便りは九一ページ←

Q 朝の満員電車にはもう耐えられない。楽しく出勤できる方法を教えて。

（35歳　サラリーマン）

A たぶんねぇ、今家を出てる時間より二時間早く家を出れば、満員電車にはあたらないいんじゃない？

これができないなら、**自転車**か車で行くしかないよねぇ。それか、もう会社辞めちゃえ！

僕が会社員だった頃は、全然、満員電車いやじゃなかったけどね。だって若い女の子とあんなに接近できるんだよ。あんなに幸せなことはなかったね。グフフ。両手上げて吊り革につかまって、体をぐにゅぐにゅ動かしてても痴漢にはならないんだから。でも、**下半身すっパダカ**だと、捕まっちゃうから気をつけようねっ。

Q

僕はいつも上司にみんなの前でケチョンケチョンに怒られます。もう、プライドがズタズタ。はっきり言って、もう耐えられません!

（32歳　会社員）

A

何をそんなことで落ち込んでるの! **君みたいにできないヤツが、会社には絶対に必要**なんだって。会社っていうのは、できるヤツばっかりだと、そのできるヤツがどれだけできるかっていうのが、わからなくなっちゃうの。そのときに君が必要になるんだよ。

ほら、テレビでもよくあるでしょ、物の大きさを表わすときに横にタバコが置いてあったりするじゃない。それだよ、それ。つまり**君は、サイズ用のタバコだね。**この先、ガンガンへまやって上司にぶっ飛ばされるぐらい怒られてほしいね。君が怒られれば怒られるほど、できるヤツは「あっ、オレはこいつよりはできるな」ってなぐさめられて、ドンドン伸びてくから。

Q

転職を繰り返しています。どうしても自分が本当にやりたい仕事に出会えないのです。どうしたら自分のやりたい仕事に出会えるのでしょうか?

（30歳　OL）

A

しばらく働かないほうがいいね。三十歳にもなって自分のやりたい仕事が見つかっていない女性をどうしろっていうの?　とりあえずボランティアを始めるべきだね。

朝五時に起きて人の家の前を掃いたり、ゴミ箱を突っついてるカラスがいたら追っ払ったり、**男たちの性のはけ口**になったり。だいたいこんなこと考えているヤツに限って、毎日、ぬるま湯の中で生きてるんだよ。

こういうヤツは毎日、食って寝てエッチしてるだけだろうね。僕がよく言うのは「いかに長く生きるかではなく、生きている間に何をしたか」ってこと。いや〜、たまにはイイこと言うねぇ。まぁ、オレは意味なく長く生きるけどね。

とりあえず、北極で一か月暮らすか、無銭旅行にでも行ってくるんだな。そこで苦しい思いをして、**初めて気づく**だろうね、自分のやりたい仕事に。オレも毎日ぬるま湯の中で生活してるから、五十過ぎてもまだ本当にやりたい仕事に出会えないよ。

Q

ダメダメ上司に爆発寸前。アイツを懲《こ》らしめるイイいたずらはないですかねえ。

（31歳　コンピュータ会社勤務）

A

朝、上司より早く出勤して机の上にウンコしておくとかね。引き出し開けると**パンチがビヨーン**と飛び出してくるのもいいかもしんない。引き出しを糊づけしちゃうのもいいな。

え？ 古典的すぎる？ じゃ、その上司のお茶にだけ唾を入れておくとか。ちょっとオシッコするのもいいかもね。え？ それも古い？ じゃ、コンピュータウイルスを忍び込ませるというのはどうかな。どうだ、新しいだろ？

オレはね、会社にいるときは上司にはむかう気なんてまったくなかったね。会社においてはみな、他人。**おごってくれる人だけはいい人。**いいよ、気楽で。

Q

部下のやる気のなさや礼儀のなさに腹が立つ。怒れば辞めてしまうし、どうすればいいでしょう。

（40歳　会社員）

A

四十歳っていうのは一番考えるときなんだよね。オレはあなたに言いたいね。時代は絶えず変わっているんだよ、って。違うんだもん。二十代と四十代の考え方は。だって明治・大正時分は**粟とひえを食え**って言われてたけど、今それを言われてもわかんないでしょ？　だから部下の視線に自分を下ろしていかないと。オレなんて若い子が変な言葉づかいをしたら「あっ、あれが正解なんだ」って思うもん。**もう、メモしちゃう。**

「先輩とかに挨拶しないでいいんですよね」って聞かれたら「オー、挨拶なんてする必要ないない！」って答えちゃう。そうやって**臨機応変に生きなきゃ。**

五十歳のオジサンと話すときは、五十歳の視線で、二十歳の若者と話すときは二十歳の視線になってあげたほうがいいね。人間、四十過ぎるとアソコがやわらかくなっていく反面、どうしても頭が固くなっちゃうんだよなぁ。若い子のことなんて気にしてちゃダメ！　もっと上を見て生きなきゃ。富士山に登ったらもっと高い山に登ろうって気持ちでいかないと。オレなんて常に上を見て生きている男だからね。

まぁ、これが欠点と言えば欠点なんだけど（笑）。

Q

リストラを言い渡す役をやっています。もう、こんな役はまっぴらです。早く会社を辞めたい！

（38歳　会社員）

A

日本っていう国は、みんな責任逃れをして生きている国なんだよね。代議士なんかもみんなそうでしょ。だからそういう責任が重い役についた時点で、会社を辞めなきゃダメだよ。どうしても辞められないっていうなら、うまくリストラを告げる方法を教えちゃおうかな。

場所は**かならず社長室**がいいだろうね。そんで意味なく、社長を座らせといて……。その横に会社で一番キレイな女子社員を全裸で座らせてニコニコさせとけば、**けっこうその場は和む**と思うなぁ。

で、とにかく会社を辞められてラッキーなんだということを洗脳するの。「いや〜、君は会社を辞められてホント、幸せだよ。僕なんかもね、辞めたくて辞めたくてしょうがないと思ってるのに、なかなか辞めさせてもらえないんだよ。どうやら、君にはかなり退職金が出るらしいよ。あと、もうすぐこの会社潰れるんだ……」とかガンガン適当なこと言うの。そして最後の最後で「実は僕の給料の五パーセントか十パーセントをしばらくの間、君に入金しようと思ってるんだ。生活大変だろと思って」とか、また適当なことを言ってね。そんなもん、べつに振り込まなきゃいいんだから。辞めちまえばこっちのもんよ。**あとは野となれ山となれ。**どうせもう二度と会わないんだし。ただ、もしかしたらバキュームカーで家にうんこまかれる可能性はあるなぁ。

Q

独立してコンピュータ関連の会社を設立しようと考えているのですが、まだ迷いもあります。会社にいれば安定もありますし。高田先生、どうしましょう?

（30歳　エンジニア）

A

オレは独立させたいね。IT関連企業ができては潰れるこの時代に、あえて荒波にもまれてみようよ。そうしたら、今までいた会社がいかにいい会社だったかわかるかもしれない。危険な渦にあえて入っていってこそ人間でしょう。

オレも何度、波に流されたかわかんないねえ。

二十代で宝石店を辞めたときは二百万円の貯金があったし、チリ紙交換の仕事でしばらくは何とかなると思ってたの。そしたらその間に、柄本明やベンガルたちと「東京乾電池」をやることになっちゃって。本当はアイツらに稼がせてオレはマネージメントをして、**人のふんどしで儲けよう**と思ってたんだけど、いつの間にかオレも舞台に立つようになっちゃってた。人っていうのは、ほんのちょっとの余裕ができたときに悪魔が笑うんだね。まさに「魔がさす」ってやつ。それがこんな**大きな悪魔だ**とは思いもしなかったけどね。ワハハハハッ。

ま、人は全部の分かれ道を正解には歩いてこれないから。リストラにあった人も、それがきっかけでまた新しい人生が始まることもある。ピンチのあとには、なかなかピンチってやってこないもんだから。なかには阪神淡路大震災に遭ったあとで地下鉄サリン事件に居合わせた人もいるらしいけど、たいていは**ピンチのあとにはチャンスあり。**自分からピンチに飛び込むつもりで独立してみようよ！

Q

会社にいるときにたまらなくオナニーがしたくなります。こんな私は変態でしょうか？

（33歳　事務職）

A

オレの知ってる社長でね、**机の下に女の子入れといて**フェラチオさせてる人、いるよ。人の目を盗んでやるからこそ楽しいんだよね。

この相談者はすごくノーマル。普通だね。人間の原点を追っていると言ってもいいね。

人のコーフンというのは、人に見られることによって起こるようにできてるんだから。この人には、会社の**ありとあらゆる所で**オナニーをしてほしいねぇ。控え室とか、エレベーターの中でとか。で、たまには社長の前でオナニーしてみたらいいかもしれないね。社長も「よお、ガンバレよ」って言ってくれるかもしれないし。

それで調子に乗って電車の中でもやって、**捕まってみるのもいい**と思うよ。まだまだ彼には自分探しの旅をしてほしいな。

Q

今、新ゲームを開発しようと毎日、頭を悩ませています。高田さん、何か面白いゲームのアイデアはないでしょうか？

（30歳　ゲームクリエイター）

A

そうだね、今のオレのアイデアは、帽子をかぶったマリオっていうヒゲのおじさんがポンポン何か飛んだりして、クリアすると次の場面に行くってヤツなんだけど、どうかなぁ。あれ？　ダメ!?　あとは格闘するんだよ。それでドンドンやっつけていって……え？　**もうあるんだ〜、**こういうゲーム。**みんな考えることは一緒**だねぇ。

そんならアイドルを育てていくってゲームはどうだろう。プロデューサーにやられ、またあるときは共演したタレントにやられ、どんどんやられて大きくなっていくの。これ、面白いと思うけどなぁ。例えば、街歩いてたら石田純一あたりが車から声かけてくるの。「どう、お嬢さん乗ってかない？」とかね。

で、そのときどうするか、とかね。

あと、高倉健が向こうからやってきて**「抱くよ」**ってポツリというの。そんでどうするかとかね。これ、面白そうだなぁ。ドラマのプロデューサーとバラエティのプロデューサーに口説かれて、どっちについて行くかっていうのもいいねぇ。タイトルは「たまごっち」じゃなくて**「ハメれっち」！**タマゴの形がマ○コの形になってるの。パカッて開くと中にゲームがあって。**これは売れるぞ〜**。色も茶色とかピンクがあってね……。いや〜いいアイデアを与えちゃったなぁ。

Q

どうも本番に弱いみたいです。会社でのプレゼンでもあがってしまって、もう何を話してるのかわからなくなってしまいます。何かあがらないよい方法はないでしょうか？

（29歳　サラリーマン）

A

逆に、本番にあがらずにしゃべれるヤツがいたら教えてほしいね。そもそも〝あがる〟ってことは、よいところをみせようとか失敗しないようにしようとか、そういう気持ちからくるもんなんだよね。だから、初めから「間違ってもいいや」って思ってれば多少あがらなくなるよね。

いやぁ本番とかいってるから、てっきりセックスのとき、タタないのかと思ったよ。そんだったらバイアグラあげようと思ったのに。あれ、待てよ、プレゼンの前にバイアグラを飲めば、意識が下半身に行って緊張しなくなるかもしれないぞ～。でも、**勃起したままプレゼンされても**

説得力ないか。

「およよ、およよ」

実際オレもあがり症だから、テレビの本番でも、「**およよ、およよ**」って言ってたら本番終わっちゃうからねぇ。『笑ってる場合ですよ』のときなんて緊張して何やってるかわかんないから、人の首締めるときでも力いっぱいやっちゃって、その人、血が出てたりしたもん。ホント、よわっちゃう。

まぁ、人間、あがったときに何ができるかっていうのがホントの力だったりするからなぁ。とりあえず、意識を別のところに向けるっていうのが一番いいんじゃないの？　例えば、太ももを針でブスブス刺しながらやるとかね。まぁ、血だらけになるけど、それはしょうがないよなぁ〜。

Q

勤続二十年、一千万円はもらえると踏んでいた退職金が八百万円しかもらえませんでした。どうやって気を鎮めたらいいでしょう。

（60歳　無職）

A

まあ、二百万円くらい、いいじゃない。これが一億もらえるはずだったのが八百万だと、オレも出てってひとこと言ってやらなきゃと思うけどね。

この不況のご時世、二百万くらい**涙をのんでもらわないと。**

いいじゃない、八百万あれば六〜七年は暮らせるんだもん。マニラやブラジルに行ったら、もう一生遊んで暮らせるんじゃない？

だけど日本はスケール小さいよな。あの高倉健さんだって、一本映画に出て一億もらうのは難しいんじゃないの？　だからタバコ吸えないのにＣＭに出て、一億五千万円の金に転んだりするって話も聞いたことがあるよ。その点アメリカだったら、ドラマで一本レギュラー当てれば一生使い切れないような金が入ってくるでしょ。それも契約社会だから、午後五時までっていったらそこでピッタリ終了。例えばベッドシーンでオッパイももうとする瞬間で五時になったら、そこから先は契約し直し。んで、**オッパイももむとまた新たな金**が入ってくるんだからもう笑いが止まらない。ウハウハとはこのためにあるような言葉だね。

その点、日本は監督が力を持っていて、延長しようが何しようが役者は黙って従うしかない。今村昌平監督なんて「これが最後」とか言ってカンヌでグランプリ取っといて、その後また映画撮ってるからな。オレも次のドラマに出るときは「もうこれが最後です」って言っとかないとな。え、何の話かわかんない？　そりゃそうだよオレもわかんないもん、アハハハハー。

悩める小羊からの感謝のお便り、
その、ほんの一部をご紹介!!

高田先生!

私、幸せになりました〜

渡辺弘道(仮名)さんからの感謝のお便り

45歳・愛知県・●×興産営業部長

裁判がこじれまくっています。
でも罪を償う勇気をありがとう。

訴えられました……。高田先生に言われた通り、女子社員の頭の上に、私のアソコを乗せ、“チョンマゲ、チョンマゲ”という行為をやった直後の話です。だからといって高田先生を恨んでいるわけではございません。むしろ、私は、心から御礼を申し上げたいのです。この行為をしていなければ、私はセクハラで訴えられることもなく、今なお女子社員にセクハラを続けていたに違いありません。恐ろしいことです。現在も裁判は、続いております。どんな判決が下されようと、私は罪を償うつもりです。

追伸、先日、法廷中に、いつもの癖が出てしまい、思わず私のアソコをペロっと出してしまいました(笑)。

日本全国 喜びの声♥声♥声！

ありがとう

〜あなたの教えで、

癒しの写真館 その3

実家（東京都調布市国領）の近くにあった多摩川沿いの五本松。ここで子供の頃、映画の撮影などを見た。

「五本松」

かあちゃんに怒られたとき、
ここに来た。
初恋のコにフラれたときも
ここに来た。
多摩川沿いの五本松

ここに来ると思い出す。
少年だった頃のこと。
嗚呼、いつから大人になったんだろう。
薄暗いベンツのガラス窓に映る
オレの顔
暮らしにまみれた
オレの顔

そろそろ忘れ物を
取りに行くよ。
多摩川沿いの五本松
そこにいっぱい忘れていった、
少年の日の思い出を。

高田純次

photo by Junji Takada

第四章

家族

俺たちは
もう
五年シテない

家族。家族ねぇ、やっぱりかあちゃんとの出会いがあったから今の家族があるんだろうな。オレがかあちゃんと出会ったのは、二十三歳の時分、日舞を見に行ったときかな。舞台の上でかあちゃんが踊ってて。いや〜、すごく輝いて見えたんだよね。だから終わったあとすぐ声かけたんだ。オッパイもすごく大きかったし。で、つき合うことになったんだよ。そんでいつの間にか同棲するようになってね。かあちゃん、そのときいい革のバッグを持ってたのよ。そんで一緒に暮らせば、そのバッグ使えるなと思って同棲したの。確か中野で六畳、四・五畳の風呂なしアパート。家賃は二万二千円。この四・五畳の部屋は「拾い物の部屋」って呼んでたんだ。部屋にあるもの全部、拾ってきたものなの。テーブルからステレオから何から何まで。すごいでしょ〜。

で、同棲して一〜二年たった頃かな、かあちゃんが「籍入れてもいいかな〜」って言い出したんだ。オレも「べつにいいんじゃない」なんて軽い感じで答えて。だから、ちゃんとした結婚式はあげてないんだよね。高校のときの友達が飲み会やってくれたくらい。で、そのときに英和辞典をプレゼントしてもらったんだけど、いまだになんで英和辞典なのかわからないんだよ。

そうこうしてるうちに娘が生まれたんだよ。オレほら、子供が好きっていうより子供つくるのが好きだったから。で、娘が一歳になったときにかあちゃんに相談もなく、宝石会社を辞めちゃったんだよね。そんときは冷たく言われたね。「あんた、どうすんの？」って。確かにそうだよな。三十歳間近にして「劇団やるから」って会社辞めてきちゃったんだから。ある意味、そんなヤツは人間じゃないもんな。その頃は、ホントお金がなかったんだよ。

家族三人、毎日銭湯行くのがけっこう大変で。かあちゃんと娘を銭湯に行かせて、オレは家で体を拭くのよ。で、そのとき、飼っていたインコを部屋に放すとね、これがまたブルジョワジーでいいんだ。だって部屋の中でインコで遊んでるんだよ。もう、最高の気分だったね。

結局、中野のアパートには六年くらいいたかな。二人目の娘も生まれたしね。このあと、五階建ての団地、宮崎台のマンション、玉川学園の一軒家に住んだのかな。

最近は娘も大きくなっちゃったし、あんまり話もしないなぁ。そう言えば、下の娘が小学校のとき彼氏を連れてきたことがあったのよ。そいつ、挨拶もしないで勝手に上がり込んでゲームやってんだよ。しかもボーズで鼻水たらしてんの。さすがにこれには参ったよ。やっぱり娘たちの結婚相手は普通の人でいいね。あと、オレより年下ね。六十ぐらいのオッサンに「お父さん、娘さんをください」って言われても困っちゃうしな。

今、思い返すと楽しい思い出の連続だね。戻れるものなら戻りたいよ。正月は家族で旅行したりしたんだけど、三年くらい前から行かなくなっちやった。かあちゃんもバスト一メートル、ウエスト一メートル、ヒップ一メートルになっちゃったしね。家族は、もう空気だね。自分の中の順位でいうと、仕事、お金、車、愛人、家族。家族は五番目に大事なものかな。

家族の悩み

高田先生との一問一答

Q

家族でテレビを見ていたら濡れ場になっちゃった。高校生の娘と中学生の息子の前で喉が鳴らないように必死。こういうときうまく切り抜ける方法はないですかねえ。

（46歳　会社員）

A

いやいやいやいやいや、いまだにそんな家族がいたんだぁー。これはね、家族でテレビを見ること自体が間違いなの。**昭和ヒトケタ**かと思っちゃったよ。だいたい、そのためにリモコンてものがあるんでしょ。濡れ場になりそうな雰囲気はわかるんだから、電源切るか他のチャンネルに変えればいいんじゃない。それか、せっかくだから子供たちに教えてあげたら？「ほら、今、男が腰を動かしてるぞ！」とかね。あとは**お父さんが失神しちゃえば。**

まてよ、このオヤジ、もしかしたら悩み相談の形を借りて、ウチは幸せだってアピールしてんのかもしれないなぁ。ホント、**ヤな男だね、**一種の犯罪だよ。

Q

夫ともう、半年もエッチしてません。結婚して五年目になるとエッチもしなくなるのでしょうか？　ちなみに子供は一歳と三歳です。

（32歳　主婦　パート）

A

なに寝ぼけたこと言ってるの！　オレなんて結婚二十年以上たってるけど、もう五年間してないよ。半年なんて屁《へ》のカッパだね。ケツが青いって言いたいよ。
あなたみたいな人のために**電動のヤツ**が売ってるんだから、それを買いなさい。
だって**中に入って動けばいいんでしょ？**
ダンナなんて関係ナイ関係ナイ！　ひとつだけ奥さんいいこと教えてあげる。今はね、黒人用のがいいらしいよ。アハハハハ。

Q

娘が海外勤務で知り合ったブラジルの男性と結婚したいと連絡してきました。娘の気持ちを尊重するいい父親を演じてきましたが、今回ばかりは何か生理的にうなずけません。気持ちの落ちつくアドバイスをいただけませんか。

（55歳　公務員）

A

そりゃあなたも一度ブラジルに行ってみるといいね。あんな楽園はないもん。オレは三十四歳のときにロケで十一日間ブラジルに行ったんだけど、向こうのコーディネーターさんが**毎晩のように女の子を紹介**してくんの。もう、きっとあなたも娘の結婚反対してる場合じゃないよ！　それで女の子とデートしないと**「体の具合が悪いのか」**って怒るんだよ。でもさすがにオレも十一日間毎日はツラいから、紹介された女の子とホテルで十分くらい話すだけっていうときもあったな。ま、そういうのは真ん中の二～三日だけで、最初の三～四日と最後の三～四日はちゃんと**ガッツンした**んだけどさ。

そうそう、そのとき、ある女の子の写真を撮ったのよ。それすっかり忘れてて、日本に帰ってかあちゃんと一緒に写真見てたら、ガーターベルトの女の子が出てきちゃったのよー。そんでオレ「これはコーディネーターの人の衣装だよ。**あれれれ、**なんでこんな写真が入ってるのかなぁ?」とか言ってごまかしたんだけど、こっぴどく怒られたね。人間、とっさのときはバレバレの嘘をついちゃうもんだね、ホント。

　ブラジルには、ある番組のリポーターで行ったんだけど、当時ペレの彼女だったシュッシャって子に会ったりもしたな。二十歳だけどデッカいビルを持ってるのよ。オレに会ったときは**ノーブラ**だったな。その後、セナの彼女になって、お葬式のときもテレビに映ってた。どんな気持ちだったかは、オレには電話かけてこなかったからわからないけどね（笑）。

　あとイギリスの有名な列車強盗で、ブラジルに逃亡していたビックスにも三分間だけインタビューすることができたんだ。確かビックスは、捕まるとわかってて最後はイギリスに帰ったんだよね。もう何年か前に死んじゃったけど、やっぱり故郷に帰りたかったのかな。ブラジルってのは、政府に金渡すとかくまってくれるらしいんだよね。一時、三浦和義がブラジルにいたのも、そのせいかもね。

そんな国だから、**このお父さんも食わず嫌いなだけよ。**死ぬまでに一度、ブラジルに行ったほうがいいね。そう思う。え？　オレの娘が外国人と結婚すると言い出したらどうするかって？　そりゃいきなり張り倒すね。ダメダメそんなの。他人のことだからなんでも言えるんだもん。**自分のことだと話は別だよ。**

Q

実の父親が好きになってしまいました。これは異性に対する愛情で、ほかの男性には魅力を感じません。こんな思いはいけませんか。

（22歳　OL）

A

これ多いのよ、世の中には。

だって古代から、娘が生まれて初めて出会う男性は父親で、それが男性の象徴なんだもん。俗にいうファーザーコンプレックスっていうやつだね。お父さんに似た男性と結婚するってのもよくある話でしょ。

ま、デキちゃうのが一番理想で、オレは推奨してるね。

立ってるモノは親でも使えっていうことわざもあるし。

ちなみに、うちの娘は間違ってもそういうことは思わないみたいだけどね。

◎この相談者からの感謝のお便りは一一一ページ←

Q

オヤジ（四十五歳）が痴漢で捕まりました。もう顔も見たくない！　早く、家を出て行こうって思いました。高田さん、こんな間抜けなオヤジにひとこと言ってください。

（22歳　フリーター）

A

あ〜これはねぇ、オヤジが娘を自宅から追い出すためにやったことだね。このお父さんは、わざと痴漢をして、別れのドラマチックな原因をつくり上げたんだな、きっと。わかるなぁこの親心。ある意味**二十一世紀を代表する理想の父親像**だね。

オレも娘のために痴漢に走らないと。あくまでも娘のためにね。

そう言えば、去年の夏は、三十五・六度もあるのに娘たちがエアコンをつけないんでホント困ったよ。おかげでオレは家に寄りつかなくなったんだけど。あれ、もしかしてオレを追い出す作戦だったのか〜。

Q

この間、ダイエーで黒のブラジャーを買ったら、ダンナが金の無駄だって言うの。ヒドイと思わない？

（42歳　主婦）

A

奥さんそれはヒドイねぇ。ダイエーでブラジャーを買ったという勇気をまず認めてあげないと。ダンナが寝てるときにブラジャー取って、**顔にオッパイ押しつけちゃえ！**「もう、ブラなんていらないでしょ！」って。それか、黒という色が気に入らなかったのなら、ダンナにカラーコンタクトでもつけさせれば。あれ？　そうか〜、カラーコンタクトつけても黒は黒か〜、ハハハハッ。

でも、黒なんて今の時代、全然普通だよね。赤のブラジャーはちょっと引くけどね。僕も今、**愛人五人いる**んだけど、赤のブラジャー着けてるヤツとは別れたね、こいつ危ないなと思って。そう言えば、ウチのばあちゃんが、八十六歳のとき、赤の腰巻干しといたら誰かに盗まれて、泣いてたよ。「何でこんな**ババアの腰巻**盗むんだろう」って。黒なら盗まれてなかったかもね。

Q

深夜、飲んだくれて帰ってくる亭主を待っている必要はあるんでしょうか?

（結婚3年目　30歳　主婦）

A

まったく必要ない！ さっさと寝ちまったほうがいいね。その代わり、玄関のチェーンかけちゃダメよ。うちの女房がたまにやるんだよ。オレが帰ってくると思いっきりチェーンがかかってるの。カギ持ってる意味がねぇんだよ。仕方ないから深夜よく、ドアの隙間から「オーイ、帰ったぞ〜」なんて近所を気にしながら叫んでる。あと、ひとつ言っとかなきゃならないのが、三十歳ならまだ全裸で寝ててもいいけど、四十歳になって全裸で寝ちゃダメってこと。亭主がベロンベロンに酔っぱらって帰って来て、かあちゃんが全裸で寝てたら、**そのまま吐いちゃうからね。**そこだけ気をつけてもらえれば、寝てようがオナニーしてようが全然オッケー！

Q

子供二人、家のローンもあるのにリストラされてしまいました。もうどうしていいかわかりません。高田さん、就職の世話してください。

（42歳　印刷会社営業）

A

あら、それは大変だねぇ。ちょうど今、いい仕事があるんだよ。あなたは運がいいなぁ〜。オレの知り合いでアダルトビデオの監督がいるんだけど、随時、男優を募集してるから**いっちょ紹介した**

げましょう！ ほんと、オレって優しいよな。ただ、何でもやるっていう気持ちがないとダメよ。そういう気持ちがないと人間なにもできないんだから。今までの経験を生かしたい？　ダメダメそんな甘っちょろい考え。だってリストラされちゃったんだから。アハハハハハ。

もし金が多少あまってるんなら、一年か半年、勝負して手に職をつけることだね。だって、リストラさせられたからってべつに体が悪いわけじゃないんだから。まぁ、そうは言ってもそこそこ年齢がいっちゃうと、人間プライドがあるからねぇ。ホント、このプライドを捨てられれば簡単な話なんだけどね。

とりあえず、**カレー味のウンコでも何でも食ってやる**っていう気持ちを持つことだね。

オレは、今のところカレー味のカレーを食べてるから、何の問題もないんだけど。この辺のことは、小泉（前首相）に相談しとくよ。**同じ純ちゃん同士でマブダチなんで！**

オレもリストラされた人をどうしていくかについては、一度話さなきゃいけないとは思ってたんだよ。……それにしても人間って、他人のことなら何とでも言えるってとこがホント、いいとこだよね。

◎この相談者からの感謝のお便りは一一三ページ←

Q

休みの日に家で寝ていると五歳の息子が遊びに行こうと誘ってくるんです。でも、疲れてるからホントは寝てたいんだけど、子供のことも邪険にできないし……。もう、どうすればいいですか?

（33歳　サラリーマン）

A

一番いいのは**愛人の部屋で寝ること**だね。で、もし愛人がいないなら、用事があるって言って公園でも図書館でも寝てればいいんじゃない？　家にいないのが一番なんだから、こんな簡単な質問はないね。で、もし子供がかわいそうって思うなら、遊びに行けばいいんじゃないの？　こんなの悩みのうちに入らないだろ？

それか、究極の作戦としては、子供に**うすーい睡眠薬**を飲ませて、一緒に寝るっていうのが一石二鳥でいいかもね。「パパ眠くなってきた～」「よし、一緒に寝ようぜ」って感じでね。ウチの娘はもういい歳だから、さすがに「遊びに行こう」ってオレのことは起こさないなぁ。ただ夜中、ウチの女房に、「ねぇ、あなた～」って起こされたことはあるけどね。

Q

九歳になる娘がどうやら小学校でいじめられているみたいなんです。なんとかしたいんです。でもどうしたらいいかわかりません。

（32歳　主婦）

A

親が出ていっちゃいけないんだけど、とりあえずイジメッ子を神社なんかに呼び出して、**脅したほうがいいよね。**「ウチの娘に手をだすな！」って。そんとき、忘れちゃいけないのが貸衣装で婦人警官の衣装を借りて、婦人警官のふりをして行くってこと。もう、これでパッタリいじめはなくなると思うね。間違っても**牧師とかセーラー服**を着てっちゃダメよ！

そういえば、高校のとき、先輩三人くらいがオレの同級生をイジメたから、オレが行ってやっつけちゃったときがあったんだよ。そしたらその後、その先輩が十人くらい助《すけ》っ人《と》を連れて仕返しに来たの。それも全部やっつけちゃったっていう……夢を見たことがあったなぁ。ガハハハハハ。**夢だよ夢！** なに言ってんの、先輩一人でもぶん殴ったら、ボコボコにされちゃうよ。やんないやんない、あなた、**そんな危険なこと。**

Q

今、団地に住んでいるんですけど、もう近所づき合いが面倒くさい。どうすればこの近所づき合いをしなくてすみますか？

（33歳　主婦）

A

病人のふりをするっていうのはどうだろう？　伝染病がいいかなぁ。で、一人の奥さんにそっと耳打ちするんだよ。「実は私、伝染病なの」って。そうすれば、あっという間に面倒な近所づき合いも一切なくなるだろうね。

そう言えば、昔、オレも駆け出しの頃、団地に住んでたことがあってね。『笑ってる場合ですよ』があったから朝、**ニット帽をかぶって出勤**してたの。頭刈り上げだったからねぇ。そんでウチのかあちゃんが、近所の人に「ご主人は何をしてるの？」って聞かれて**「公務員」**って答えちゃったんだよ！　なーんでそんなこと言っちゃったんだろうねぇ。家に帰ってきてその話聞いて、怒ったねぇ。公務員だったらネクタイ締めて出勤するだろう。いくらなんでも公務員はまずいよって。そしたら次聞かれたときは**「演出みたいなことをしてる人」**って答えたんだって。それってどんな仕事だよって感じでしょ。まぁ、結局半年後くらいに「お昼の番組に出てる人、ご主人に似てるわねぇ」なんて言われるようになってバレちゃったんだけどね。

Q

家族旅行に車で行き、大渋滞にはまってしまいました。もう、イライラしてしまい、車の中は最悪なムード。高田さん、渋滞のときはどうすればいいですかねぇ。

（38歳　サラリーマン）

A

あ〜、近くのサービスエリアで寝ればいいんじゃないのぉ。だって渋滞なんか永久に続くもんじゃないんだし。二〜三時間も寝れば渋滞はなくなるよ。それつきゃないよね。こんなこと常識中の常識！　ホント、あなたは**三十八年間眠ってたとしか思えないね。**　でも、サービスエリアで寝るときはかならずロックして寝なきゃダメよ。

昔、サービスエリアで寝てたらゴソゴソって音がして、ハッと飛び起きたら、野球帽かぶったおじさんが**「高田さん、高田さんファンなんです」**とか言ってんだよ。どうやら脇に置いてあったセカンドバッグを取ろうとしてたみたいなんだよねぇ。ホント、危なかった。あと、僕は、車の中で寝るときは帽子を顔にかぶせて寝ることにしてんの。自分で言うのも自慢するみたいでアレだけど、**一応有名人なんで。**　あっ、この話、一般人には関係ない話だったね。ハハハハ、ごめんごめん。

渋滞の話に戻るけど、まぁ、オレもノロノロした車がいると**串刺し**

にしてでも先に進みたいタイプだから、気持ちはわかるよ。でも渋滞がいやなら飛行機とか電車で行くしかないよね。ディーラーもこういうやつのためにも車売るときにはかならず言ってほしいよ。「お客様、車に乗ると渋滞しますからね」って。

Q

主人の稼ぎが悪いからお小遣いを三万円から二万円に減らしてもいいよね。（43歳　主婦）

A

ショック療法で五万円に上げてみたら？　奥さんが三食のうち一食抜いて、ご主人のお小遣いつくってあげたりしたら、きっとご主人、もっとガンバろうって思うだろうね。

実は僕もお小遣い制なんだよ。意外と使っちゃうもんだよね、お金って。百万円稼ぐのは大変だけど、百万円使うのは簡単だもんな。

で、ここからは世のお父さんに対するアドバイスだけど、奥さんからお小遣いをもらう一番いい手は、やっぱり〝**夜のご奉仕**〟だろう。「ただいま〜、今日は変わったワザ仕入れてきたぞ〜」とかいったら「あら、ホントに！」とか言って、次の日はおいしい朝ご飯と一万円プラスでお小遣いくれるだろうね。でもこれがダメなら、**かあちゃんの財布からくすねる**しかないよね。オレもくすねようと思ってるんだけど、寝てるとき以外放さないんだよ、財布を。おまけに最近、ウチのかあちゃん、夜中の二時三時までサッカー見てるから、オレのほうが先に眠くなっちゃうの……。だから、クレジットカードでけっこう買い物しちゃうんだけどさぁ。でも、カードってあとで明細が送られてくるから、あれは困っちゃう。ちょっとしたブランドものだったりすると、また、わざとらしく聞くんだよ、オレに。「**グッチって何？**」って。そうすると、オレも「そうだそうだ番組の打ち上げのビンゴの景品だ!」とか言ってね。ホント、よわっちゃう。

悩める小羊からの感謝のお便り、
その、ほんの一部をご紹介!!

高田先生！

私、幸せになりました〜

栗林由紀子（仮名）さんからの感謝のお便り
22歳・T県在住・OL

いざシちゃったらラブラブです！
お友達にもすすめちゃお。

私、一歩踏み出しました！

あの返事をもらった晩に早速、会社帰りの父を駅で待ち伏せて、私の気持ちを打ち明けたら、父も「おお、そうか」と微笑んで、そのままホテルに連れて行ってくれました。

でも今となってみると、父と恋人が一人ですむんですから、これって一挙両得ですよね。あの頃“親子だから”なんて悩んでいた自分がバカみたいです。できることならお友達にも薦めたいくらいです。

残念なことに母は家を出てしまいましたが、これからも私は私のスタンスで生きていこうと思います。

（追記）高田さん、ありがとう。娘をここまで育てた甲斐がありました。　　　父

日本全国 喜びの声♥声♥声！

ありがとう

～あなたの教えで、

悩める小羊からの感謝のお便り、
その、ほんの一部をご紹介!!

高田先生!

私、幸せになりました〜

浦澤豪太郎(芸名)さんからの感謝のお便り

42歳・東京都中野区在住・元印刷業

裸一貫、第二の人生。
すべてがうまくまわりはじめました。

おかげさまで、俳優の仕事、順調です。

あのときは、高田師匠の「なんでもやるって気持ちがないとダメよ」という言葉に目が覚める思いでした。つまらないプライドにしがみついていた自分に気付かされました。

今ではSMや同性愛ものなど何でもこなすようになり、業界でも「何でも嫌がらずにやる熟年俳優」として重宝がられるまでになりました。また、身体が資本なだけに、健康にも十分気を遣うようになり、少しばかりの自信も生まれました。これもすべて高田師匠のお陰です。

今はまだ、妻や子供たちには職業は明かしておりませんが、いずれ解ってくれるものと思います。

いつか高田師匠と競演できる日を楽しみにしています。

日本全国 喜びの声♥声♥声！

ありがとう

〜あなたの教えで、

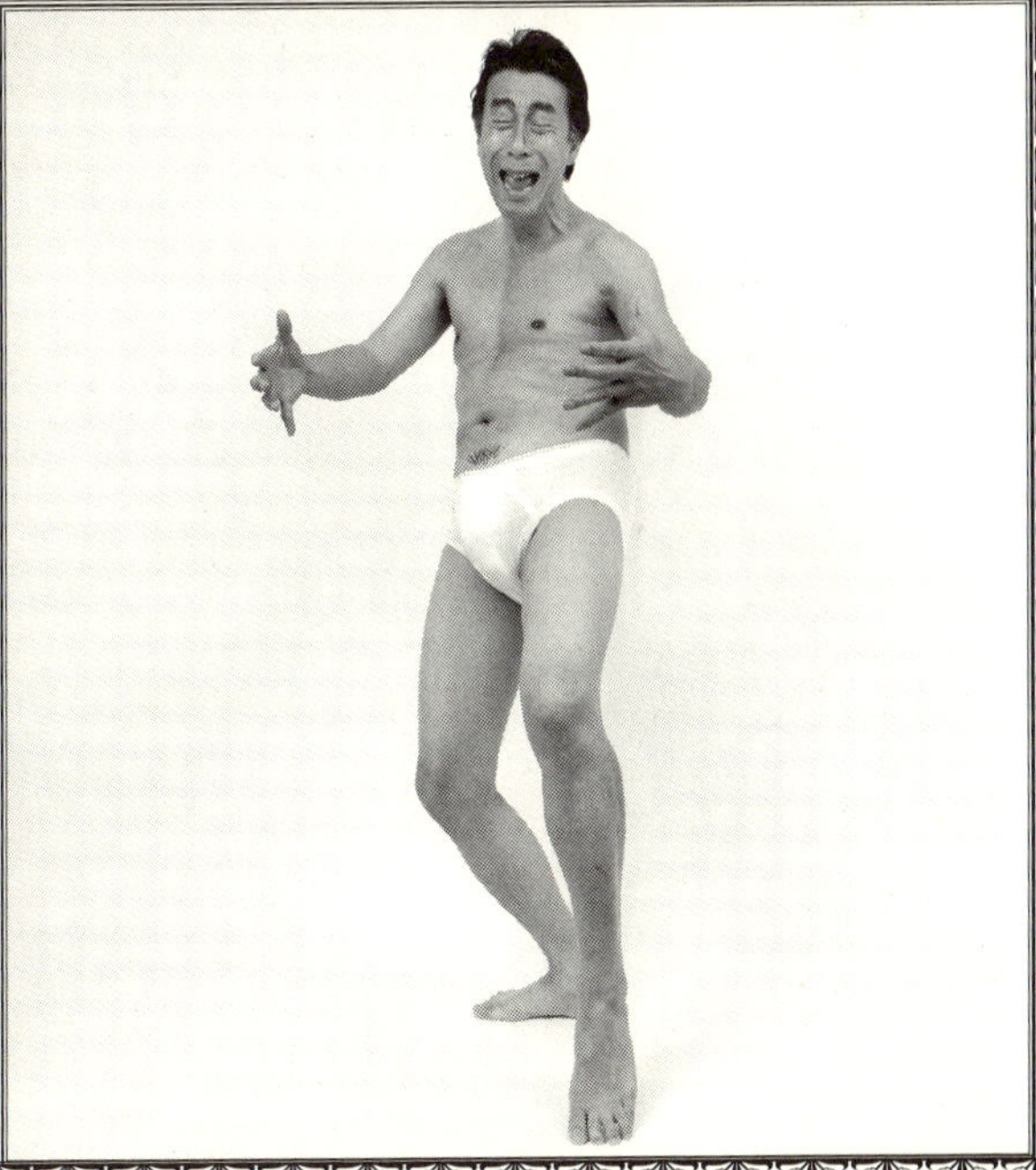

癒しの写真館 その4

初めて女房と暮らした岡本荘の近くにあった曲がり角。右上の写真は、二十二年前、この曲がり角で撮った長女（二歳）

「曲がり角」

変わらない物がある。
二十二年前の曲がり角
娘と女房と何度、
ここの前を通り過ぎただろう。
買い物に行くとき、
公園に行くとき、銭湯に行くとき、
エトセトラ、エトセトラ

変わっていく物がある。
娘も今では、二十四歳。
女房も今では
B—〇〇　W—〇〇　H—〇〇。
オレはといえば、
角がとれた軟弱オヤジ。

二十二年変わらずそこにいる、
君が本当に羨ましい。
中野区野方一丁目の曲がり角

高田純次

photo by Junji Takada

第五章
青春

アナタと友達
両方
咥えてあげる

オレは小学校から絵はうまいって言われてたから、イラストレーターかデザイナーになろうと思ってたんだよね。芸術系の学校といえばトップは芸大、多摩美、ムサ美（武蔵野美術大学）だけど落ちちゃって、仕方なく入ったのが御茶ノ水にあった東京デザイナー学院。今は人気あるけど、当時はできたばっかりで、ロクでもないヤツらの吹き溜まりみたいなところでねぇ。ナンパばっかしてたな。

その頃、御茶ノ水に〈コペンハーゲン〉っていう領事館を開放して喫茶にしたところがあって、文化学院のマイク真木なんかも来てた。『バラが咲いた』がヒットして、女の子たちが「今日はマイクが来てる」とか騒いでたよね。そういえば銀座の〈ローク〉っていうモダンジャズの店で働いてた女の子とは、恋に落ちたんだよ。当時は芝浦で〝沖流し〟というバイトがあって、船に袋物を積んだりして一日千八百円くらい。それをした帰りは銀座に寄って。何回か行くうちに顔見知りになって「仕事、何時に終わるの？」なんて聞いて、「何してるんですか」って聞かれたら「まあ、デザイナーの卵だよ。ハハハハハ」……なんて答えたりしてね。東大教授の娘だった雅子ちゃん、どうしてるかな。

ちょうどその頃から、男も着飾るようになってきて、ＶａｎだのＪｕｎだのブランドがはやりだした。みんな、もみ上げはアイビーカット。一度『メンズクラブ』に仲間と撮られたんだけど、雑誌見たらオレは足の先しか載ってなくって、あれはショック受けたなあ。

赤坂に〈シャンゼリゼ〉っていう洋物を扱う店があって、そこの喫茶でウェイターのバイトもした。ＧＳがはやっていて、一度スパイダースが来てマチャアキ（堺正章）とかカッコよかったね。コーヒー出す手が震えたよ。

その頃のオレはタレントになるなんてみじんも思ってなかったね。デザインやってもどうせ電通や博報堂なんて入れないし、二流の会社にでも入れればそれでいいと思ってた。デザインは黒田征太郎とか横尾忠則、写真では篠山紀信、加納典明とかが賞を取って、若い世代がどんどん出てきた時代だったけど、オレたちは作品さえ創らず遊んでたんだからしょうがないよね。当時の仲間は、ひとりはその後ヨットで世界一周に出て絵を描いて送ってきたりしてたけど、今はつき合いがないなあ。

それでデザイン学校出ても就職するところないから、友達のツテで日の丸自動車教習所で写真を撮るバイトを始めた。撮影さえすめば、あとは本読んだり教習所のおねぇちゃんからかってればいいから、楽な仕事だったよね。そのうち、偶然に劇団にいる知り合いが「ポスター描かないか」って声かけてきて、その劇団の人に「自由劇場って面白い芝居やるよ」って言われて観に行って、一年後には研究生になってたんだ。昼間は写真屋でバイトして、六〜九時は四谷の稽古場へ。一年たって、イッセー尾形たちとベケットなんか演《や》るようになるんだけど長続きしなくて。なんとかしなきゃなと思って、二十六歳で宝石屋にデザイナーとして入ったの。これが初めての就職だね。

考えてみれば二十代はちゃらんぽらんだけど楽しかったなあ。でも二十九でガキが生まれると、そうも言ってられなくなったんだけどね……。

青春の悩み
高田先生との一問一答

Q

子供の頃にした万引きがこの歳になってやたらに思い出されます。なぜあんなことをしたのかと悔いる毎日です。どうしたら罪を償えるでしょう。
（60歳　男性）

A

まず警察に行ってその話をすることだね。そしたら警官が、「おじいちゃん、その罪はもう時効ですから」って言って家に帰してくれるから。いつまでも引きずってちゃダメよ、そんな**どうでもいいこと！**　ただし新たに万引きすると捕まっちゃうから、そこは気をつけてね。実は、オレも盗みをしたことがあるんだよ。若い頃、写真屋に勤めていたことがあって。当時、〈スターボウル〉っていうボウリング場が目黒にあったのね。そこの隅にあった

三本脚のテーブルがおしゃれでね。

もう、欲しくて欲しくてたまらなくなっちゃったの。で、よく見たら三つにバラせるんだよ、そのテーブル。ある日、袋持参で訪れて、店員の目を盗んで、バラして持って帰っちゃった。そしたら店員の前を過ぎたあたりで、袋が破れて、ガラガラとこぼれちゃってさすがにビビったよ。アハハハハ。それから家でデザインの仕事をするのに使っていて、今もそのテーブルは家にあるよ。それを見ると思うんだよね、**「もう、盗みはやめよう」**って。みんなも盗みはしちゃダメよ。

Q

高校を卒業したらやりたいことを見つけに東京へ行こうと思っています。でも、不安がいっぱいです。高田先生、東京ってホントに怖いところですか？

（高3　男）

A

怖いところだねぇ。東京は、生き馬の目も抜かれてしまうところだからね。**人間だったら金玉取られちゃう**よ。まぁ、今、東京に来たところで何も落ちていないね。今、落ちているものといったら、たくさんの地方出身者が落としていった**〝後悔〟**という二文字くらいだろうね。まぁ、それでも東京に来たいというなら、何か〝期待〟をもって来ちゃダメだね。東京に行って荒波にもまれようという気持ちくらいがちょうどいいと思うよ。マイナス五くらいな気持ちで東京に来れば、もし**失敗してゼロになってもプラス五の価値**はあるんだから。もし、プラス五の気持ちで東京に来たら、ゼロになったときにマイナス五でしょ。そうなると、みんな逃げ出しちゃうんだよねぇ。

だから何度も言うようだけど、何か新しいことを始めるときは期待しすぎちゃダメ。だいたい、よいことっていうのは、失敗やツラいことのあとにくるんだから。

まぁ、そうは言っても、オレも夜行列車に乗って上野駅に着いたときは、もうドキドキで……あれ？　オレ、東京出身だったよ。**乗ってないか、夜行列車には。**

Q

初めてのエッチでフェラチオはさせるべきでしょうか？

（高3　男）

A

ほかに何するのよ？ フェラチオは**メニューのひとつ**なんだから。例えば、焼き肉屋行ってさぁ、カルビとか野菜焼きとかあるでしょ。カルビがセックスだとすると、フェラチオはそうだなぁ、**ホルモン**かな。やっぱり**アラカルト**で頼まなきゃ。なんでも試してみないとわからないからね。高三じゃ遅いくらいだよ。今、街なかじゃ小学校五、六年生の子が「ケンちゃんのおちんちんフェラチオしよっか？」「早くしゃぶってよ〜」とかよく話してるよ。こんなの小学生の間じゃ、今は日常会話だからね。

Q

彼の友達のチンポを啣《くわ》えているところを彼に見られてしまいました。彼は怒ってしまい、別れるって言ってるんですけど、どうすれば彼は許してくれますか？

（18歳　女子高生）

A

それはやっぱり「ゴメンナサイ。あなたと友達の**両方を咥《くわ》えてあげるから**」っていうしか方法はないよね。それか、友達の咥えたまま、彼に後ろからお願いとかね。実は、こういうところから3Pが発生するんだよね。**これが3Pの原点だよ。**この娘《こ》は、高校生にしてすごいことを発見しちゃったよ。

もうこの際だから、何の迷いもなく、いっぺんに二本咥えちゃおうよ！

そうすれば、彼は絶対に許してくれるって。で、オレもそこに参加させてもらって4Pっていうのはどうだろう。グフフフフ。

◎この相談者からの感謝のお便りは一六一ページ←

Q

体育の先生がやたらデートに誘ってくるんです。やっぱ一度エッチしたのがよくなかったのかも。あたりさわりなく断る方法はないかなあ〜。

（18歳　女子高生）

A

そりゃあ、一度エッチしたあなたが悪い。まったく最近の女の子はわからない子が多いなあ。先生だって**一度おいしい果実**を味わっちゃったんだから抑えられないよ。猿のマスターベーションと一緒だね。

だからね、「**あと一回だけ！**」勉強が忙しいから」とか回数を限定するのがいいんじゃないかな。体育の先生なら頭悪そうだしー。なに？　そんなことじゃ納得しない？　じゃあね、うちのお父さんはヤクザなんだって脅すのはどうかな。いや、警察官がいいかもね。もしバレたら「ごめんなさい」って**謝ればいいんだし**。

それでもダメなら、同僚の先生や学校じゅうに言いふらせばいいでしょ。もちろんそのときは君がエッチしたこともバレちゃうけどね。それは、しょうがないよなぁ。

Q

今の彼とつき合って一年になりますが、ささいなことが気になってイライラするようになりました。やたら連発するギャグにも腹が立ちます。この気持ちは何なのでしょうか？

（19歳　専門学校生）

A

こういう人たちのために**「別れ」**という言葉はあるんだよね。せっかくあるんだから別れないと。このままつき合ってたら犯罪だね。あ、でもその前に、彼のギャグは一応ノートに書いて送ってね。面白かったらオレがもらうから。

Q

二十歳の彼女ができました。でも彼女は高校生のときに、援助交際をしてたふしがあるんです。気になるけど聞けなくて。僕はこのままつき合っていくべきなのでしょうか?

（27歳　会社員）

A

二十七歳で二十歳の子でしょ。七つも若い恋人ができたなんて、そりゃもう、宝物みたいにしなきゃダメ。肌もピチピチだろうし。オレなんか二十歳の子が声かけてきただけで、**オチンチンがズボンの中で大暴れ**しちゃう。だいたい、援助交際をしてたっていう過去を聞いたとしてもプラスがないもん。知ったところでいい方向に進まないことを、わざわざ聞く必要がない。二十七歳にしてはまだまだ甘いな。もちろん、結婚となると話は別だけどね。子供ができないほど体が壊れちゃってるのも困るからね。

Q

彼がミュージシャンを目指していてまったく働きません。夢を捨てろとは言いませんが、毎日家でゴロゴロしていてウザイ。でもなぜか別れることもできません。高田さん、どうしたらいいでしょう?

(23歳　キャバクラ嬢)

A

ひとつこのおねぇちゃんに言いたいね。男がミュージシャンとして成功したら、一二〇パーセント捨てられるよ。よくありすぎる話だけど。だからこの男とあなたの関係は、今が一番華《はな》ってことだね。まさに**幅三〇センチの堤防の上を歩いてる**ようなもん。せいぜい今を楽しんどいてよ! こんな相談、真剣に答える気にもなれないね。

そういえば、こないだ名古屋で焼き肉屋にいたら、ネイルアートの先生とかいう女の人が同僚の女の子四~五人連れて来ててさぁ、声かけたらラッキーなことに一緒に飲むことになったのよ。それで「もう一人、ＯＬの子、呼んだから」って言うから、もうドキドキで待ってたんだよね。で、来てみたら**イメクラでOLの役やってる子**だったのよ。これには、ホントまいったよ。でも、男としては、風俗で働いてる女の子ってどんな手法を使うのかとか興味あるじゃない。んで、その子とプライベートでつき合うかいまだに悩んでて、オレが相談したいくらい。そうだ、この相談も載せといて！

Q

今年三十歳になるのに売れる兆しすら見えず、もう芸人はやめようかと考えています。高田さん、もし売れる方法があったら教えてください。

（29歳　芸人の卵）

A

うーん、そうだな。彼は三十八歳に売れそうな気がするな。それも三十八歳の秋だ。ちょっと出たCMがきっかけでブレイクする。そんな気がするな。どんな人かオレは知らないけど。

Q

生まれて初めてバイトのお給料をもらいました。何を買ったらいいと思いますか、高田さん？

（18歳　女子高生）

A

イチオシは下着だね。そういう身に着けるものなら、それを着けるたびに「コレは初めてのお給料で買ったものだ」って**気が引き締まる**でしょ。そして高田先生に見せに行かなきゃって気にもなるもんね。

あとは何度も言うようだけど、寄付だね。その心で**素晴らしい**

一生を送ってほしい。僕みたいに、いつまでも真摯《しんし》な気持ちを忘れない人になってほしいな。

オレが初めてお金を稼いだのは高校二年の冬休み。立川のおもちゃ屋さんでアルバイトしたの。友達の親戚の家で三姉妹がいて、**一番上のお姉さんがきれい**だったから。あと立川だから、外国人の女の子が来るんで英語の勉強になるって言われたんだけど、みんな日本語がしゃべれたから、ちっとも勉強になんなかったな。日給は五百円。そのお金で**オレはジャンパーを買った**んだ。その頃は革のジャンパーなんてなかったから、普通の布のね。東京乾電池始める前に働いていた宝石会社では二十歳そこそこで月二十二万とかもらってたな。それも学校を卒業する前の二月から働いてたんだけど、三月にはもうボーナスくれたんだよね。その頃は宝石業界の景気がよかったから。

芸人として初めてもらったお金は、東京乾電池の五人で『笑点』に出たときにもらった三千円かな。三十一歳の頃だけど、これは悲しいと思ったね。今はホント、芸人のギャラがよくなったよなぁ。やっぱりお笑いの出演料のグレードを上げたのは（ビート）たけしで、維持したのは（明石家）さんまだね。それを裏で操ってたのがオレ。**これは内緒だけどね。**

そして三十三歳で『笑ってる場合ですよ』に出るようになって、月三十万もらえるようになって、やっと零細企業の給料並みになって。その後、ナショナルの「ザ・ディスコ」のＣＭにオレと柄本（明）とベンガルで出たら、一人五十万円もらえて、「これでやってけるな」と初めて思った。それまでの二〜三年間は一番厳しい時期で、ナグリ（金づち）持って大道具のバイトしたり、肉体労働が多かったね。

バイトは五十種類くらいしたかな。そうそう、夜に蕎《そ》麦《ば》屋でバイトしてたんだけど、昼間は劇の稽古をしてるから眠いのよ。夜中にお店からちょっと離れた休憩室で仮眠が取れるんだけど、オレ、三日続けて寝すごしちゃって。起きるたびに「あ、また二時間寝すごしちゃった」って。そしたらお店の人に「辞めてくれ」って言われた。後にも先にも「仕事、辞めてくれ」って言われたのはあの蕎麦屋だけだね。

Q

将来、宮崎駿さんのようにたくさんの人を感動させるアニメを作ろうと日々奮闘しています。今、ネタにつまってしまい、よいアイデアを探しています。高田さん、何かよいアイデアはありませんか？

（28歳　男）

A

とにかく世界のあらゆるアニメからどんどんパクることだねぇ。「名作は盗みから始まる」という**オレの名言**があるくらいだからね。絵画だってなんだってみんなパクってんだから。

でも、ひとつ気をつけなきゃいけないことは、宮崎駿と同じ絵は描いちゃダメよ。あと、鳥山明もまずいなぁ。そうだなぁ、いっそのこと僕の大好きな、**『人間交差点』**からアイデアをパクって、違う絵で描いて発表するっていうのが一番の近道かな。

Q

人間はよきライバルがいてこそ大きくなれると思うのですが、どうしたらライバルを見つけることができるのでしょう?

(17歳　男子高生)

A

それは勘違いだね。

人間の成長には食って寝る。それっきゃないじゃない。それで大きくなるんだからね。知的な人ほど早死にするっていうし、君も変なことで悩んじゃダメ。

ライバルなんて、**いらない、いらない。**

Q

今年の受験に失敗したら三浪です。もう大学を諦めたほうがいいでしょうかね。（20歳　奈良県在住・男）

A

ダメダメ！　大学っていうひとつの目標があるんだから、絶対に入らなきゃダメ。オレなんか一浪して大学十個受けて全部、落っこっちゃったんだけど、四浪、五浪までやっとけばよかったなぁって今になって思うよ。

それぐらい、大学ってところはいいとこ、らしいよ（笑）。オレ、**行ってないから知らないけど。**だって女子大生がウロウロしてんでしょ？「キャンパス」って響きもいいじゃない。オレに言わせれば、三浪なんかメじゃないメじゃない。人生の全てを受験にかけてほしいね。二

十浪だろうが三十浪だろうが。

オレなんかドラマの収録のときに、NGけっこう出すんだけど、自分の中では正直、五回まではOKって思ってるからね。そうすると気が楽なんだよね。だから受かるまでやってほしいね。十浪したって三十前ぐらいでしょ。で、大学卒業して、三十そこそこ。**全然、まだまだ死なないからね。**

それぐらい大学ってとこはいいとこ、らしいよ。**夢の橋**なんだもん、その橋を渡ってみようよ。「大学に行かないとロクな人間にならない」っておばあちゃんも言ってたし。

◎この相談者からの感謝のお便りは一六三ページ←

Q

私は還暦を迎えましたが、悩みがないのが悩みです。

（60歳　熊本県・悠々自適男）

A

あー、それはオレと同じ悩みだね〜。

そうだなぁ、もし悩みがほしいなら、机の上に手を開いてアイスピックで指の間を**猛スピードで突く**といいかもしれないねぇ。そうすると「怖い」って悩みが、きっとできるから。

あとは意味もなく公園で若い女の子のスカートめくるとかね。何かを求めるなら**アクションを起こさないと。**

Q

クラスで仲のよい女の子が新興宗教に入っていて、一緒に集会へ行かないかと誘われました。行きたくはないけど、その子のことは好き。仲をギクシャクさせずに断る方法はないでしょうか?

（16歳　女子高生）

A

あのね、日本人の人口が一億二千万だっけ? そうすると日本の宗教人口は一億三千万だか四千万だかなんだって。つまりみんな、何かしらの宗教には入っていて、ダブって入ってる人もいて、まったく無宗教という人は日本にはほとんどいないってこと。**自分はその意識がなくても、**家自体が日蓮宗とか禅宗とか曹洞宗とかに入ってるんだよね。だからこの子は、一度集会に行って「ウチは宗教が違うのでやめます」と言えばいいよね。あとは勧誘の人が押しかけてきたら、仏壇を拝んでる姿を見せてあげるとか。

それにしても「禅宗の集会やってるから来ないか?」とか聞かないよね、どうしてなんだろ。経営が安定しているのかな。だから新興宗教がはやるのかもしんないけど、人間ってのは、調子の悪いときには気が弱くなるからね。ある宗教なんか、病院に行って信者を勧誘するって聞いたよ。病をわずらってたら、そりゃ何かにすがりたくなるよ。オレなんかも、調子の悪いときは**もう、ぺしゃぺしゃ。**若い子の足にすがりつきたくなっちゃったりしてね。

Q

テストでいい点を取る方法を教えてください。

（神奈川県高校1年生　男）

A

あ〜、それは、**それぞれの問題に正解を出すこと**だね。正解っていうのはかならず参考書にでも出てるから。あとは、まったく白紙で出すっていうのも手だなぁ。そうすると先生は、こんな問題ちゃんちゃらおかしいって思われたのかと思って、百点くれる可能性もあるしね。最後の手段としては、**先生を買収するか？**　今の世の中、なんでもお金がかかるんだよ。僕は、学生時代、勉強しなくてもけっこうできたからなあ〜。試験で悪い点取っても「勉強すればあの子はできるのよ」なんて言われてたし。ホント、勘違いだった。で、そんな話ばっかり聞いてたから、勉強をやらないでここまで来ちゃったんだろうね。まぁ、今でもやればできると思ってるんだけど。アハハハ。**オレは大器晩成**だからなぁ。自分はいつかはできるようになるって思ってる。でも、大器晩成って言葉は、無能な人をなぐさめる唯一の言葉だって言う人もいるらしいよ。うまいこと言うよね。まぁ、オレに言わせれば、なぐさめられたまま死んでいければ、そんな幸せなことはないと思うな。だって、勉強もしないのに、ずっと「オレはいつかできるようになる」って信じてるんだから。

Q

登校拒否をしています。学校なんか行きたくない！　（中2　男）

A

ダメだよ、学校は行かなきゃ。学校というところは常識というものを教えてくれるところなんだから。とにかく早く学校に行けるようになって、**野口英世かオレのように**立派な人間にならないとね。これは僕からのお願い。こういう心の病気は、どんなに有名な精神科のお医者さんでも治すことはできないからね。和らげることはできても。

こういう社会的問題が出てくると僕自身、殻にとじこもっちゃうから、なるべくなら**こういう悩みは別の人に話してほしいなぁ。**

Q

つまらない授業の時間のつぶし方を教えてください。（中2　男）

A

それは、**保健室で寝てるのが一番**だね。頭痛いとか言って。それか、机の下でセンズリこいてるっていうのもいいかもね。自分の快楽を追求してれば、意識もそっちにいくだろうし。先生も最初は「何やってんだっ！」とか注意するだろうけど、その内、見て見ぬふりするよ絶対に。中学生くらいにはこれが一番。オレなんか中学のとき、授業中センズリばっかかこいてたからねぇ。アハハハハハ。

Q

私の彼氏はケチくさい。ポケットティッシュは駅前でもらうって決めてるし、デートのときも「ひと駅だから歩こう」とか言うの。こんな彼氏に何か言ってやってください。

（19歳　専門学校生）

A

なに言ってるの、タダでもらえるティッシュほどうれしいものはないよね。**だって、タダなんだもん。**　あれはどんどんもらうべきだよね。あと、「ひと駅歩こう」っていうのは、ちょっと暗いところがあったら、**ガッツンしてやれ**っていう気があるのよ。

それぐらいわかってあげなきゃ、彼女なんだから。そう言えば、オレもなかなかイカないときは**「あなたケチね」**って言われたことがあったな。ほら、自分のものをなかなか外に出さないから。

Q

人生に迷い、今度、ひとりでバイクでツーリングに行こうと思ってます。どこへ行ったらよいでしょうか？

（28歳　男）

A

バイクなら北海道だろうね。オレは、バイク乗ってて北海道行かないやつは人間じゃないと思ってるからね。北海道の大地を縦横無尽に突っ走らないとツーリングしたとは言えないなぁ。実はオレも二十歳のとき、バイクで東京から北海道に行ったことがあるのよ。

やってるもんでしょ、オレも。専門学校の夏休みに一か月半かけて。オレほら当時、自慢じゃないけど、グラフィックデザインやってたから、**お寺を撮りに行く**っていう名目で旅にでたんだよ。で、中型免許持ってなかったから、急いで免許センター行って、一発試験を十二回ぐらい受けて、ようやく免許取ったの。それで、免許が来た次の日に雑誌見て三万円の90ＣＣ

のバイクを買って出発したんだ。で、金、全然持ってないから**ユース****ホステル**とかに泊まったりしてね。当時、一泊八百円か九百円だったと思うなぁ。ところがねぇ、ユースホステルっていうのは安い代わりにいろいろ難点があるんだよ。夜九時までに入らなきゃいけないとか、朝、雨降っててもとりあえず出なきゃいけないとか。でも、一番の難点はオヤジの「人生とは」みたいな能書きを聞かなきゃならないことだろうね。あれの**つまらな****いことつまらないこと。**今、思い出してみても何ひとつ思い出せないからね。

この話聞いて、ユースホステルに泊まるのがイヤって人は駅に泊まるのが一番。

けっこう、夏の間は駅で寝てても大目に見てくれたから。確か駅で寝てる旅行者のことを**カニ族**とか言うんだよね。みんなリュックしょったまま寝てるから、なにかカニみたいに見えるらしいんだよ。ひとつ言っておくとね、札幌とか大きい駅で寝泊まりしちゃダメ。ほら、大きい駅って始発は早いし終電も遅いから、ゆっくり寝てられないんだよ。だけど札幌の手前の苗穂とか小さい駅なら、ゆっくり寝れるからそっちにしたほうがいいよ。あっそうそう、北海道走るときにもうひとつ、お得な情報を教えちゃうと、北海道ってすごく**検問が多い**の。だから免許証は、絶対カバンの下に入れておいたほうがいい。「免許見せて」っていわれて、カバンの下をごちゃごちゃ探してると、「あ〜もういい」って通してくれるから、きっと（笑）。

そんなこんなでバイクで旅を続けてたんだけど、オレ、屈斜路湖で事故っちゃったんだよ。足、捻挫してバイクのフォークが折れちゃったんだけど、アイヌの人が助けてくれたの。治るまでアイヌの村にある店で留守番しててよって。**いい話でしょう。**それでそこには一週間くらいいたかなぁ。すっかり足もバイクもなおって、また旅に出たんだよね。で、昔テレビ番組で「オレを助けてくれたアイヌの人を探せ」っていう企画をやってもらって、このアイヌの人を探したんだけど、そのときは、残念ながらもう亡くなってたんだ。もう一度、ちゃんとお礼をいいたかったのに。まぁ、オレもこの旅で〝人生〟を見つけて、**こんなにビッグになった**わけで、君もオレより八年遅れだけど、とりあえず旅に出てみたら。行き先はそれから決めてもいいしね。

悩める小羊からの感謝のお便り、
その、ほんの一部をご紹介!!

高田先生!

私、幸せになりました〜

鬼頭あゆみ（仮名）さんからの感謝のお便り

18歳・神奈川県　私立××女学園3年

超・超・超・超イイ感じー！なんちて。でも３本はマジきつい。ゴメン。

高田さん、この回答、マジわかるっていうか、吹っ切れたっていうか。

あたし、早速彼氏に「もうこうなったら、３Ｐしちゃってよくない？」って言ったら、彼氏も最初はおどろき顔してたけど、だんだん目え輝かせちゃって。やっぱ、コイツもただの男だったんだな、なんて思っちゃって。

彼友のほうはビビッてたけど、ヤりだすうちにだんだんヘラヘラしてきて。今じゃ、ふたりとも、超マブダチ感じてるみたい。あたしのほうも、これはこれでけっこうイイかなって思いはじめて。

だけどやっぱ２本までかな。３本はあたし、マジきつい。ゴメンね。

それじゃ純チャン。また何かあったら連絡するから。

日本全国 喜びの声♥声♥声！

ありがとう

〜あなたの教えで、

悩める小羊からの感謝のお便り、その、ほんの一部をご紹介!!

高田先生！

私、幸せになりました～

香月俊男さんからの感謝のお便り

38歳・渋谷区笹塚・セントラル荘101

遅ればせながら、第二の青春の幕開きです。

高田純次様

その節は、貴重なご意見を賜りありがとうございました。

私、この度、二十浪の末、宿願叶って第一志望の日本ロサンゼルス大学に合格致しました。

あれから十八年、四十路が見えてきても働きもせず受験生生活を続ける私に、周囲からの厳しい目もありました。少子化に伴い大学も統廃合が進み、狭き門になるニュースが相次ぎましたが、その度に、高田様のご意見を胸にかみしめ、自分を叱咤激励してまいりました。

春からは華のキャンパスライフを満喫し、遅ればせながらの青春を謳歌したいと思います。

末筆になりましたが、いつもテレビでご活躍を拝見しております。七十歳を過ぎても下ネタを忘れないバイタリティに敬服しています。益々のご活躍をお祈りしております。

2020年3月吉日

日本全国 喜びの声♥声♥声！

ありがとう

～あなたの教えで、

癒しの写真館 その5

三十年前、目黒のボウリング場から失敬したテーブル。何回かの引越しの時にも棄てられなかった。

「戒めの十字架」

「もうやらない」
お前を見ると思うんだ。

お前と初めて会ったのは、
三十年前の目黒のボウリング場
配達途中のオレを釘づけにしやがって

もし、
三つにバラすことができなかったら
きっと盗んだりしなかっただろう。
お前も一〇〇％共犯者

でもなぜか、
棄てることができなかった

いつもお前を見ると思うんだ。
〝二度と盗みはやらない〟
お前は、オレにとって
最初で最後の盗品だ！

高田純次

photo by Junji Takada

第六章 哲学の社会

人生ナメるが勝ち

人生はバランスだね。つまり最終的には、プラスマイナスゼロになるってこと。ホント、うまくできてる。例えば、あれだけすごいプレイヤーのイチローも実はスケベかもしれないし、あと、オレみたいにパーフェクトな人間も痔持ちだったりするじゃない（笑）。だから今、悩みがある人っていうのは、ある意味、素晴らしいことだね。だって悩みは、次の希望へのステップなんだから。いやいや、いいこと言うねぇ。オレなんてさ、悩みがないから、ホント、今はそれが悩みだよ。つらいよ、悩みがないっていうのも。だってこの悩みを解決すれば、明るい未来が待っているっていうのがないんだから。ずっと、真っ暗闇の中を走ってる気分だよ。

今の日本？　こんなに素晴らしい国はないよね。議員は、みんな自分のことばっかり考えてるし、少年は訳わからない犯罪を起こすし。そろそろこのツケが回ってくる頃かな。

一度くらい滅んでもいいかもしれないな、この国は。だってこれだけみんながみんな、好き勝手に生きてるんだよ。でもオレだけは、このツケをかぶらないようにしたいね。当たり前だよ、こんなに「見えない形で寄付」ばかりしてるのに、何でこのオレがつらい目に遭わなきゃならないのよ。ちょっと勘弁して〜。

この先、何年生きられるかわからないけど、オレは百五十歳くらいで老衰で死にたいね。それか今となってはもう遅いけど、四十ぐらいで成長が止まって二百年くらい生きるっていうのもいいかな。これは、楽しいぞ〜。だって今、すでに一流週刊誌でヘアヌードがでてるんだから、二百年後っていったら、おそらく道歩いてる人、誰とセックスしてもOKになってるんじゃやない？　こんな世の中だったら最高！

それにしても人生って短いよね。今、だいたい人生八十年でしょ。八十年っていったら、三百六十五日×八十で……約三万日しか生きられないんだよ！　こう考えるといやなことやってる時間はないよなぁ。学校、会社、いやならすぐにでも辞めるべき。だって三万日しかないんだから！

　いやいやこの人生相談もこれが最終章でしょ。ホントこの十年というもの、たくさんの人の悩みにテキトーに答えてきたけど、少しは参考になったかな。実を言うとオレ、人の悩みに答えるのなんて大嫌いなのよ。勝手に悩んでろって感じだね。オレの助言なんかで悩みが解決するわけねぇよなぁ。もし解決したとしたら、それは幻影だよ、幻影。ココではっきり言いたいね。〝自分の力でしっかり生きろ！〟って。あれ？　このあとに人生相談のページまだ続くんだっけ？　そうか〜。いや実はね。みんなの悩みを聞くたびに身を削って答えてきたんだよ。もうホント毎回、全力投球！　血の滲む思いだったねぇ。ワハハハハハ。

哲学・社会の悩み

高田先生との一問一答

Q

このままだと、どんどん世の中が悪くなっていく気がします。高田先生、なにかいい方法はないでしょうか?

(29歳　大工)

A

とりあえず、男は二十歳で徴兵。女は十五歳で嫁にいく。五十過ぎたらみんな自殺してもらうってのはどうだろう。人生五十年。夢、幻のごとくなり。昔の人は、四十まで生きれば、あとは大往生だったんだから。でも、オレは百五十歳まで生きるけどね。そんで**オチンチン勃てて街じゅ**

うを全裸で歩くのが夢だね。少しくらい女性を犯しても警察も許してくれるだろう。何たって相手は百五十歳のジジィなんだからさ。刑務所に入れたってしょうがないでしょう。例えばきんさんぎんさんが物盗んだってことがあったとしても、誰も文句言わないのと同じよ！

あと、**成人式は絶対に三十歳にすべき。**社会に出て世の中のことがわかって、ようやく成人させたほうがいいね。成人式で暴れる若者がいるってニュースになってたけど、それはしょうがないよなぁ。まだ、大人になってないんだから。あんなの昔の中学生みたいなもんだからね。昔の二十歳と今の二十歳は違うんだから。そのへんは臨機応変にしないと。ただ、ひとつ問題なのは三十前で犯罪を犯しても少年Aって出ることかな。

それと、政治家の年齢をもっと若くしたほうがいいね。ジジィの政治家のほとんどは、自分のことしか考えてないんだから。国のためにどうこう言ってるけど、自分が金持ちになればみんな死んでもいいと思ってるんだよ。**ノア**

の箱舟が来たら真っ先に乗り込むヤツばっかりで、君が行きたまえなんてヤツはひとりもいないね。まぁ、かく言うオレも一番に乗り込んで**「もういっぱいだから、もういっぱいだから」**って言って、乗ってくるやつはバンバン蹴落とすけどね。こういうところから〝カルネアデスの舟板〟という法律ができたんだよね。海で遭難したとき、舟板に二人で乗っていたら、沈んで二人とも死んじゃうってときは、一人を殺しても構わないっていう。オレの場合は、「君が舟板につかまりなさい。僕はもういい。**あの大きなお魚に乗ってどこか遠いところへ**行くよ」って言って沈んだふりをするね。そんで、そいつの足を思いっきり引っ張って、そいつが死んだあとに、ゆっくり出てくる。コレ、どうだろう?

Q

お見合いシステムに登録していて時々、初対面の女性と会うのですが、たいていの女性が店代を私に払わせて当然、と思っているようで腹が立ちます。お金は男が払わなきゃいけないものなんでしょうか？

（34歳　会社員）

A

この時代にお見合いをしようというのがまず、とってもいいことだと思うな。僕は、お見合い結婚は大賛成よ。ほら、恋愛結婚っていうのは、恋愛の絶頂で結婚するから**あとは落ちてくだけ**なんだけど、お見合い結婚っていうのは、気持ちがぐんぐん上昇するからねぇ、これはホント素敵なことだと思うね。

でも、これ聞いた話なんだけど、お見合いシステムに登録してる男のなかには、そこで紹介してもらった女とすぐやっちゃって、「何か気に入らないなぁ」とか言って、また別の女を紹介してもらって、またやっちゃってっていうのを繰り返している悪いヤツがいるらしいんだよ。ホント、お見合いシステムに登録している女性は気をつけてほしいね。おじさんが、**かくまってあげちゃう、**ウヒヒヒ。でも、みんな結婚っていう目的があるから意外と体を許してしまうんだろうねぇ。

あれ？　で、悩みはなんだっけ……あ～そうそう、お金ね。お金は出すべきでしょう。女より男のほうが何でも出しちゃう動物なんだから。アハハハ。そうだな、**お金を出した勢いでアソコも出しちゃえ！**とりあえず、女性と食事に行って、金を払うことを惜しんでいるようじゃ、一生嫁さんは見つからないね。間違いない！

Q

バツイチの男性から求婚されています。彼には先妻との間に中学生の息子がいるうえ、慰謝料を支払い中で経済的には苦しく、私と結婚したら二人で私の家に越してきたい様子です。でも私は彼が好きなのです。こんな結婚をする私はバカなのでしょうか。

（37歳　OL）

A

久々にいい話を聞いたね。オレ、なんか**胸に熱いもの**が込み上げてきちゃった。

結婚すべきだね。そして天使になってみようよ。

苦労は金を出しても買えって、おばあちゃんも言ってた。

それにこの家の場合、中学生の息子がいるから、その子とデキちゃうっていうのも手だね。男として育てていく楽しみもあるし。それで万一、男が金目当てだったとしたら、この人は**「嘘をつかれた天使」**ってことになるのかな。おっ、いいねえ、本の題名にしたいねえ。**「騙された女神」**ってのもいいな。そういうタイトルで自分の半生記を書いたらきっと売れるよ。いい人生だなあ。オレは好き。

Q

運命の人と出会う方法を教えて。

（32歳　ＯＬ）

A

オレなんか女房と出会うためだけに生まれてきたようなもんだからねぇ。アいるもんだよねぇ運命の人って。

ハハハハハ。神が決めてるんだよねぇ。だから女房と出会ったときに運命の人だと思ったもん。そのとき、ウチのかみさん、**ニットでノーブラ**だったからねぇ。

でも最近、クラブとか飲み屋に行くと〝小運命の人〟に出会ったりするんだよ。かあちゃんが〝大運命〟だとすると〝小運命〟っていうのはちょっと運命を感じる人のことかな。

その**小運命の人に出会うと、僕、思わず手を握っちゃう**んだよね。グフフ。で、〝君は運命の人だ〟とか言ったりして。でも、まぁ、帰りには**ちゃあんとお金取られるんだけどね。**

運命の人に出会うためにはお金がかかるのよ。かあちゃんのときにもずいぶんとかかったからなぁ。

Q

なんで自動改札機は、料金が十円でも足りない切符を通したときは露骨に閉まるくせに、間違って料金を多めに払ったキップを通したときは、何もしないいんですか？

（22歳　フリーター）

A

へ～、そうなんだ～。オレねぇ、電車に乗ったことないからわかんないなぁ。知らないことは答えようがないよなぁ。**僕は成功者だからマイカー**なんだよね！

でも、機械なんだからしょうがないんじゃない？　そこまで優秀な機械にすると金がかかるんだよね。二千円札使える機械なんかもほとんどないでしょ。あれもやっぱりお金がかかるのよ。え？　新五百円の機械はだいぶ増えたの？あ～、何か玉の形したお金があるらしいね。あと、千円っていう**青っぽいお金**もあるんでしょ？　ゴメンゴメン、オレ、万札しか使ったことないから知らなかった。週刊誌なんかも万札で買って、**お釣りなんてもらったことないし。**かさばるでしょ。オレとしては二千円札とかケチなことといってないで五万札、十万札、百万円札っていうのを作ってほしいんだけどなぁ。

Q

〝ピーマン〟って、どんなヒーローなの？

（4歳　大樹）

A

え〜と、ピーマンのピーは、**放送禁止のピー**なんだよ。だからピーマンはしょっちゅう放送禁止用語を言ってるの。それでピーマンになっちゃったの。ピーマンっていうのはどっちかって言うとスケベなヒーローかな。今までのヒーローは正義感たっぷりのばっかりだったでしょ。でも、そういうのばっかりだと、人間ほら、飽きちゃうでしょ。それで少し、スケベなヒーローがいたほうがいいということでピーマンは誕生したの。ただ、ピーマンに会うのはなかなか難しいよ。まぁ、食卓なんかで時々見かけるけどね。アハハハハハハ。でも、あれはピーマンの部下だからね。大もとのピーマンがいて、部下に偵察をさせてるの。だから、食卓にあるピーマンはよく見て食べないと、食べたやつがピーマンの部下だったら、**みんなスケベになっちゃう**からね。

　で、大もとのピーマンはどこにいるかと言うと、聞いた話だと、地下でスケべな話ばっかりしてるらしいよ。あんまりみんなの前に現われて、みんながピーマンを好きになっちゃうとピーマンも困るわけよ。人間て面白いもので、みんながみんなスケベになると今度は真面目になろうというヤツが出てきて、ピーマンは倒されちゃうからね。それでピーマンは、わざと味をまずくしたり、体の中にほとんど身を入れなかったりして、**バカを装っている**んだねぇ。ピーマンは頭がいいよね。

この質問、こんなもんでいいかな。

◎この相談者からの感謝のお便りは一九五ページ←

Q

売れる方法を教えてください。

（30歳　お笑い芸人）

A

売れるにはねぇ、プロデューサーとか偉い人の顔を見ないで足元ばっかり見て、しょっちゅうペコペコしてることだね。オレなんかプロデューサーの顔なんてひとりも覚えてないよ。ずーっと、「**よろしくお願いします!**」って頭下げてたから**す。よろしくお願いしま**らね。

あとは、金が貯まったら全部吐き出して人におごることと、いい仕事がきたらオレにまわすことかな。そうすれば素晴らしいお笑いタレントになれると思うね。それにしても、今の若手芸人さんはほんとに面白い。もう、毎日笑ってばっかし。最近、笑いじわが増えて大変大変。テレビ見てても**「素晴らしい素晴らしい！」**の連発だよ。オレに仕事がくるのがホント申し訳ないね。まぁ、でもオレのライバルは、舛添要一とか前田武彦とかだからなぁ。若手だとそうねぇ、林家ペーさんかな。ハハハハハッ。**ペーさん、色で攻めてきてる**からなぁ、かなり手ごわいね。オレもなんか色で攻めなきゃとは思ってるんだけど、ピンクは取られちゃったし、あと残ってるのは黄色とかかな。それか、さわやかに真っ白っていうのはどうだろう。

Q

私は人より運が悪い気がしてなりません。どうしたら運がよくなるんでしょうか。それともこんな考え方は間違っていますか。

（32歳　会社員）

A

うーん、この人は三十八歳で運気が上がる気がするな。こいつは春だな。キオスクで五千円出して千円のものを買ったら九千円お釣りが返ってくるの。そんな気がするな。

何ごともタイミングよ。運なんて**自分の考えひとつ**だから。

オレはね、自分は運がいいと思ってんの。昔、高速のトンネルの中で十九歳の女の子に思いっきり追突されたことがあって。オレの車がぐるぐる回転して、車体は壁にガンガン激突して火花が散って、「あ、オレ死ぬな」と思った瞬間に、その子たちの車が**キッと停まったの。**乗ってたのは未成年で、みな、ラリッてたんだよね。スピードは二百五十キロくらい出てたみたいよ。

まあ本来ならひどい目に遭ったって思うかもしれないんだけど、オレはこれほどの事故で死ななかったんだから、ツイてるなと思ったの。気の持ちようでしょ。

ま、オレの場合はそこで運使っちゃったから、**芸能界での伸びが今ひとつ**だったんだなあ。うん、原因はそれか。でもね、この話にはまだ続きがあって、その翌週に『オールスター野球大会』って番組があって、その試合でオレ骨折しちゃったんだよね。世の中、ホントうまくできてるよね。その事故のショックで悪かった頭もよくなったみたいだし、**トントンかな。**

Q

私はノストラダムスの大予言どおり世界が滅びると信じて、いい加減に生きてきました。でも世界は滅びなくて、ノストラダムスやそれを宣伝したマスコミに責任を取ってほしいです。

（20歳　家事手伝い）

A

いやいや、予言どおり、世界は滅んでるんだって。今はみな、惰性で生きてるの。この人にはそれがわかっていないだけ。**今は幻**なんだから。

って言うか、この人自体が「滅んでる人」としか言いようがないなぁ。まったく。

Q

サンタクロースのおじさんは夏の間は何をしてるの？

（5歳　女の子）

A

サンタクロースのおじさんはね、クリスマスにみんなにプレゼントを渡すために、夏の間はお仕事をして、お金を稼いでいるんだよ。ひとつ言っておくと、サンタクロースのおじさんは、ひとりじゃないからね。世界に何万人もいるんだよ。みんな**それぞれの営業エリア**を持っていて、そのテリトリーは侵しちゃいけないの。主な仕事は、そうだなぁ、農業とか。あと、毛皮、陶器、家具の貿易業もやってたかな。やっぱり、**利益率のいいもの**をやってるみたい。それと、大豆やとうもろこし相場にも手を出してるみたいよ。あれ、土地の売買もやってたかな。ハハハハハ。最近、土地で大失敗してかなりのサンタクロースが減ったらしいよ。日経新聞に書いてあった。**「サンタクロース激減！」**って。実は僕もねぇ、六十歳になったらサンタクロースの国家試験受けようと思ってるの。だから今から**溶接工とかいろんな技能を勉強しなきゃ**と思って。あ、そうそう白いヒゲをはやすと、どうやら受かりやすいみたい。

もし、サンタクロースの仕事が忙しくなったら、芸能活動も少しお休みしなきゃなぁ。まぁ、ケンタッキーフライドチキンのCMくらいはできるか〜。

Q

最近みんな、自己中心的じゃありませんか。なんとかしたい！

（30歳　女）

A

確かに心がみんな狭くなってきてるよね。そろそろ立候補して世直ししないとね、**このオレサマが。**ハハハハ。まぁ、とりあえず家の前のドブ掃除からやるかな。身近なところからコツコツとやっていかないとね。ホント、心の底から素晴らしい世の中にしなくちゃいけないって思うよね。空き巣ひとりいない世の中にね。隣近所も余ったお惣菜なんか分け合ったりして、お金も余ったらお隣さんに**「これ、余ったから使って」**

なんていうね。

そういう差別のない世の中になってほしいなぁ。あれ？　株価がまた下がった？　もう、よわっちゃうよなーホントに。で、何だっけ？　あ、そうそう、そういうね、素晴らしい日本になってほしいよね。自分の物は他人の物、他人の物は自分の物、みたいな。やっぱりオレが立ち上がらなきゃダメか～。貧しい家庭のポストに毎日百万円ずつ入れて、**「いいんだよいいんだよ」**と言って笑いながら去っていくっていうのはどうだろう。で、病気の人がいたら行って介抱し、不幸せな人がいたら幸せを置いて帰ってくるような、そんな男に僕はなりたい。……あれ？　今度は株上がったよ！　ああ、売っときゃよかった。失敗したなぁ。

Q

仕事が忙しすぎて、人生のほとんどが仕事になってしまう。私はこのままでいいのでしょうか？

（32歳　OL）

A

仕事で人生のほとんどを使えるなんて素晴らしいことだね！　何をやりたいのかわからないヤツが多いこの世の中で。こんな夢みたいなことはないね。**毎月のものが止まるくらい、**もうめちゃくちゃやってほしいね。大きな歯車の小さな歯車となって。そんで、**歯がツルツルになったとき**に気がつくと思うよ。あっ、こんなふうに生きてきて、自分はバカだったたって。

オレなんかも今まで全力で仕事をしてきたから、もう少し力を抑えようと思って。マンガで言うと**足がグルグル回っている**ような感じ？　手を抜くってことを知らなかったね。すべて全力投球！　でも、そろそろ手を抜いてあげないと、ほら、若手がついてこれなくなっちゃうから。**ホント優しいよな、オレ。**

Q

公衆トイレにはかならずと言っていいほど、紙がないのはナゼ？　しっかり税金を払ってるのに頭にくる！

（32歳　専業主婦）

A

公衆トイレになんか行っちゃダメよ。公衆トイレに行くくらいなら、**漏らしたほうがましだね。**公衆トイレに紙があるって思っていること自体が間違ってるね。なんのために昔、みっちゃんは手で拭いたのよ。そんで、みっちゃんは**もったいないから食べちゃったんだから。**アハハハハ。あと、あれだね。お尻の穴をガムテープでとめて口から出すっていうのも手だな。

Q

墓の色を黒にするか灰色にするかで悩んでいる。高田、どうすればいい？
（75歳　自営業）

A

オレんちのはグレーだから、**グレーにしとけば。**グレーだとオーストラリアの石で安いのがあるんだよ。

その人の人生が雄大だったなら黒、無難だったなら灰色が似合っていると思うけど、**革命的にいくなら真っ赤**とかにしてほしいね。

石屋に頼んだらきっと「ほかをあたってくれ」ってさとされると思うけど。

Q

お月さまはどうして私のことを見てるの?　（3歳　みさき）

A

それはね、君のことが大好きだからだよ。早く月旅行に来て!　って言ってるのかもしれないね。たぶんね、早い時間にお風呂に入って、歯もしっかり磨いて、早く寝て、朝はちゃんと起きれば、今よりも、もっとお月さまは君に近づいてくれると思うよ。何かあってもきっと君を守ってくれるだろうね。**お月さまは君の味方**なんだよ。まぁ、背後霊みたいなものかな。

ただ、昼間はどうかな……。昼間は、自分の身は自分で守ろうね。

この人生相談やってて、いつかは現われるんじゃないかと思ったけど、とうとう現われたね、こういう子が。

悩める小羊からの感謝のお便り、
その、ほんの一部をご紹介!!

高田先生!

私、幸せになりました〜

金子大樹くんからの感謝のお便り
4歳・千葉県K市在住

ピーマンてとってもスケベそうな顔してるんだね。

高田のおじちゃん、僕、このあいだ“ピーマン”を見たよ。ママが、ピーマンの肉詰めを作るっていうから、ずっと横で見てたんだ。そしたら、1つのピーマンだけ、様子が変なの。何か「セックス」とか「アナル」とかよくわからないことをいってたの。で、たまに“ピー”っていう効果音が入るの。僕、もしかしてこいつが“ピーマン”かもしれないと思って、“お前がピーマンだろ!”って捕まえようとしたら、台所の水が流れるところにスルって入っていっちゃったんだ。ほんのちょっとだけ、顔を見たんだけど、何か目がグリグリしてて、とってもスケベそうな顔をしてたよ。さすが、ダークヒーローって感じ。次の日から僕もピーマンのマネしてママに「セックス」とか「アナル」とか言ってるんだ。

日本全国 喜びの声♥声♥声！

ありがとう

～あなたの教えで、

という本が読みたかった…。

高田純次

文庫版・記念あとがき

コンサートよりもインサート

純

いやいやどうもどうも、**チャン・ドンゴン**です。ははは！　高田純次です。いや〜こんな本、最後まで読んじゃったの？　**ダメダメ時間の無駄無駄。**

人生は限られた時間しかないんだから、自分の時間は大切にしないと。文庫版の締めの言葉なんて「ただ生きろ！」としかいいようがないよなー。だってこの文庫の元本のこと、覚えてるっちゃ覚えてるけど、覚えてないっちゃ覚えてないんだもん〜。五年前に発売した単行本の『人生教典』の文庫化でしょ？　もう、ある意味犯罪に近い話だね。なんで本のタイトルが『人生教典』から『適当教典』に変わったの？　『人生教典』ってオレ結構気に入ってたのに……。あ、営業担当に言われたんだ〜。営業が言うんじゃしょうがないよねぇ。アハハハハ。

でもやっと、時代がオレに追いついてきたというかね〜。ほら、今まで前、走り過ぎちゃったからさ！　で、最近、オレも少し手をゆるめたのよ。そしたらもう大変。

『適当論』でホップでしょ、『適当手帳』でステップ、で、この『適当教典』でジャンプだね。こうなりゃ『人生教典』は、**とりあえずアンティークとして、**マニアにでも売れたらいいよねぇ。

でもブームになるとやばいから、〝ブー〟くらいで止めておくかなぁ。五年くらい経ってまた違う形で世に出れたらいいじゃない。だってオレ、何年か前は「5時から男」って言われてたの。今じゃ誰も呼びやしないよ。今は5時からじゃなくて「適当男」でしょ。じゃ五年後はそうだなー、**「5時から適当男」**にするか！　もちろん「5時から」の5時は朝の5時だけどね。夜遊びなんて古い古い！　これからは**〝朝遊び〟**しないと。近所のおばあちゃんとかと（笑）。

それにしてもこの本はホント、世に尽くしてきた本だよね。だってタダで人の悩みに答えてあげてるんだから。ある意味、オレも変わりものだよな！　でもこの本をきっかけに彼女には人生相談してあげてるのよ。グフフフフ。「君はあと1時間で洋服を脱ぐ」とかね。あれ？　これって人生相談なのかな？　いまだにオレも分かんないけど。

僕の六十歳の還暦は誰も祝ってくれないから、この文庫化はみんなに祝ってもらうよ。とりあえず、沢尻エリカちゃん、長澤まさみちゃん、堀北真希ちゃんに……えっと、それとSちゃんとNちゃんとHちゃんに読んでもらいたいね〜。一応、イニシャルトークにしとくよ。ほら、惚れられても困るからねぇ。モテる男は大変なのよー。

そういえば東国原知事の昔の本が売れてるみたいじゃない？　オレも神奈川県知事にでも立候補するかな〜。神奈川と言えば、あのバッグのキタムラでオレ、メンズバッグのデザインやっててさ、付き合いがあって。アルフィーの高見沢のブランドが売れてるらしいのよ。地方からもお客さんが買いにくるんだって。もう、オレのバッグどころの騒ぎじゃなくてね。でもオレがデザインしたバッグも結構いいのよ。いい革使ってるし。モノはいいものなんだよ！　えーっと、あれ？　**何の話なんだっけ？**

とりあえず二〇〇二年に『人生教典』が発売されてから今までの空白の五年間の話

でもするか〜。でも二〇〇二年から彼女も増えてないし……。女の好みも「**お尻のカッコイイ人**」ってポイントは変わってないね。オレは胸や顔はどうでもいいのよ。女の人と会うと、伏し目がちに「ああそうなんだ」って真ん中から下をずっと見てるからね。もちろんあまりにもブサイクはだめよ！

変わったことっていったら、二〇〇六年の暮れからちょこちょこっと仕事が増えてきたくらいかな〜、あっ！　事務所のタレントが減って**事務所は縮小**しちゃったよ、ハハハハハ！　笑ってる場合じゃねぇか。これは『適当教典』売ってかねぇと。

それから僕の憧れの人、横尾忠則さんに会ったよ。で、横尾忠則さんの『Y字路』って絵を買うことになって。『Y字路』って絵はいろいろあって、その中で僕の好きな三つに絞ったのよ。でも一つはヨーロッパの個展行っちゃって。もう一つはどっかの美術館所蔵で。あともう一つは展覧会に出てたのよ。その展覧会が終わったら売ってもらえることになって。絵のサイズが一三〇×一六二で結構、でかいのよ。でもウチんちも**オレのアソコ**と同じくらいデカイからさー。部屋に入れてもデカイ絵がノートみたいにちっちゃいのよ。ハハハハハ。って実はまだ飾ってもいないんだけどね。だって絵が大きいんだもん！

最近はアゴだけヒゲをはやしてるんだけど、彼女がこれがいいっていうのよ！**これが感じる**っていうんだからしょうがねぇよな〜。今までは役作りのために勝手にヒゲはやしてたんだけど、役がきたとたん、ヒゲ剃ってくれって言われるから困っちゃう。世の中、上手くいかないよね〜。アゴヒゲの手入れは、三年前にコンビニで売ってた電動のカミソリでずっとしてたんだけど、こないだそれが壊れちゃったから、またコンビニに買いにいったの。そしたらもっといいカミソリになっててもう売ってないのよー。弱っちゃうよな。あのコンビニのシステムは**何とかしないと！**

ちょっとヒゲなんか生やしてると、今はやりの「ちょいワルオヤジ」なんて言われたりして。でもオレに言わせれば「ちょいワルオヤジ」なんて**中途半端中**

途半端！
オレだったら**胸のボタンを股間あたりまで外して**「チョーワルオヤジ」になりたいね！　ちょっと寒いかもしれないけど、仕事だからね。しょうがないよな（笑）。

車も何台か買ったなー。二〇〇二年に憧れのアストンマーチン買って、二〇〇四年の暮れに中古のカイエンっていうポルシェの4ドアのやつも買ったけど一年で売って、今ワーゲン一二気筒の五〇〇馬力近いヤツ乗ってんのよ。それを八〇〇キロくらいで神宮前で横のドアをぶつけちゃってさ。もう散々だったよ。でもこの車は限定品でカタログにも乗ってないんだよ。やっぱり限定モノじゃないと！『適当教典』も限定モノにするか。**限定一〇〇〇万部**ではどうだろう？　**営業に聞いてみて！**

家族はねぇ、女房が去年他界して、密葬というか、身内だけでお葬式をしたのよ。今、長女三十歳、次女が二十五、六歳かな。これから三人でね、生きていこうかなと………。でも一つ困ったことが、女房はまだ生きてたのよ（笑）。今の話はウソだよ、ウソ！　女房はまだ**ピンピン**しちゃってるよ！　わははははは！

オレの今後の夢？　どうも温暖化で地球がなくなるって言われてるからなぁ。人間はみんな**海に還る**らしいよ。だからオレも海に帰るかな〜。何か詩的な話でいいよね。でもいつ海に還るのかはっきりしてもらわないと！　いろいろ用意もあるからね。前世がピーマンだったオレが海に還るってのも変な話だけどね。

仕事については、タレントが減っちゃったから少しはオレも働かないとな。バラエティのゲストじゃ一回きりだから、やっぱり連続ドラマがいいよね！　連続ドラマがあると大抵、三か月はもつからさ。ドラマは能力的には大変だけど、体力的には楽だから。オレは**命一杯**出演してるわけじゃないからね。そりゃ織田裕二君は大変だろうけど、オレなんかは暇もてあまして大変。ハハハハハ！

締めに読者へのメッセージ？　「自分を大切にしろ！」なんて馬鹿なこと言わないから、どんどん**自分を壊しながら**生きてくれと。でも「適当」って言葉は、「上手く当てはめる」とか「適材適所」とか本当はいい言葉なのよ。だからまぁ、オレを見習って「適当」に生きてほしいよねぇ。この本の第二弾も出してもいいんだけど、悩みがないと相談にのることもできないからなー。こっちで悩み作って、一人で答えてたら、単なる危ないヤツだから。まぁ、とにかく買ってくれた人へは、「君こそ命」という言葉を贈りたいね。買ってくれた人は**僕の世界**に踏み込んでくれた人だから、ぜひ僕のお葬式にも参加してほしいね。ヨロシクねぇ、ワハハハハ！

君こそ命

純

本書は二〇〇二年に小社から刊行した単行本『人生教典』を、
加筆、改題して文庫化したものです。

適当《てきとう》教典《きょうてん》

二〇〇七年　六月二〇日　初版発行
二〇一一年一二月三〇日　38刷発行

著　者　高田《たかだ》純次《じゅんじ》
発行者　小野寺優
発行所　株式会社河出書房新社
〒一五一-〇〇五一
東京都渋谷区千駄ヶ谷二-三二-二
電話〇三-三四〇四-八六一一（編集）
〇三-三四〇四-一二〇一（営業）
http://www.kawade.co.jp/

ロゴ・表紙デザイン　粟津潔
本文組版　ボトムグラフィック
印刷・製本　中央精版印刷株式会社

Printed in Japan　ISBN978-4-309-40849-1

寄席はるあき

安藤鶴夫〔文〕　金子桂三〔写真〕　40778-4

志ん生、文楽、圓生、正蔵……昭和30年代、黄金時代を迎えていた落語界が今よみがえる。収録写真は百点以上。なつかしい昭和の大看板たちがずらりと並んでいた遠い日の寄席へタイムスリップ。

免疫学問答　心とからだをつなぐ「原因療法」のすすめ

安保徹／無能唱元　40817-0

命を落とす人と拾う人の差はどこにあるのか？　不要なものは過剰な手術・放射線・抗ガン剤・薬。対症療法をもっぱらにする現代医療はかえって病を増幅・創出している。あなたを救う最先端の分かりやすい免疫学の考え方。

映画を食べる

池波正太郎　40713-5

映画通・食通で知られる〈鬼平犯科帳〉の著者による映画エッセイ集の、初めての文庫化。幼い頃のチャンバラ、無声映画の思い出から、フェリーニ、ニューシネマ、古今東西の名画の数々を味わい尽くす。

あちゃらかぱいッ

色川武大　40784-5

時代の彼方に消え去った伝説の浅草芸人・土屋伍一のデスペレートな生き様を愛惜をこめて描いた、色川武大の芸人小説の最高傑作。他の脇役に鈴木桂介、多和利一など。シミキンを描く「浅草葬送譜」も併載。

実録・山本勘助

今川徳三　40816-3

07年、大河ドラマは「風林火山」、その主人公は、武田信玄の軍師・山本勘助。謎の軍師の活躍の軌跡を、資料を駆使して描く。誕生、今川義元の下での寄食を経て、信玄に見出され、川中島の合戦で死ぬまで。

恐怖への招待

楳図かずお　47302-4

人はなぜ怖いものに魅せられ、恐れるのだろうか。ホラー・マンガの第一人者の著者が、自らの体験を交え、この世界に潜み棲む「恐怖」について初めて語った貴重な記録。単行本未収録作品「Rojin」をおさめる。

狐狸庵交遊録

遠藤周作　40811-8

遠藤周作没後十年。類い希なる好奇心とユーモアで人々を笑いの渦に巻き込んだ狐狸庵先生。文壇関係のみならず、多彩な友人達とのエピソードを記した抱腹絶倒のエッセイ。阿川弘之氏との未発表往復書簡収録。

花は志ん朝

大友浩　40807-1

華やかな高座、粋な仕草、魅力的な人柄——「まさに、まことの花」だった落語家・古今亭志ん朝の在りし日の姿を、関係者への聞き書き、冷静な考察、そして深い愛情とともに描き出した傑作評伝。

ヘタな人生論より徒然草　賢者の知恵が身につく“大人の古典”

荻野文子　40821-7

世間の様相や日々の暮らし、人間関係などを“融通無碍な身の軽さ”をもって痛快に描写する『徒然草』。その魅力をあますことなく解説して、複雑な社会を心おだやかに自分らしく生きるヒントにする人生論。

世界怪談名作集　上・下

岡本綺堂〔編訳〕　上／46222-6　下／46223-3

古今東西の怪談の造詣に深い、語りの名手・綺堂による古典的アンソロジー。リットン「貸家」、ビヤーズス「妖物」、ゴーチェ「クラリモンド」、デフォー「ヴィール夫人の亡霊」、ホーソーン「ラッパチーニの娘」他全７篇。

志ん朝のあまから暦

古今亭志ん朝／齋藤明　40753-1

「松がさね」「七草爪」「時雨うつり」……、今では日常から消えた、四季折々の行事や季語の世界へ、粋とユーモアあふれる高座の語り口そのままに、ご存じ古今亭志ん朝がご案内。日本人なら必携の一冊。

日本料理神髄

小山裕久　40790-6

日本料理とは何か。その本質を、稀代の日本料理人が料理人志望者に講義するスタイルで明らかにしていく傑作エッセイ。料理の仕組みがわかれば、その楽しみ方も倍増すること請け合い。料理ファン必携！

新編 百物語

志村有弘〔編・訳〕 40751-7

怪奇アンソロジーの第一人者が、平安から江戸時代に及ぶさまざまな恐い話を百本集めて、巧みな現代語にした怪談集成。「今昔物語集」「古今著聞集」「伽婢子」「耳袋」など出典も豊富でマニア必携。

ちんちん電車

獅子文六 40789-0

昭和のベストセラー作家が綴る、失われゆく路面電車への愛惜を綴ったエッセイ。車窓に流れる在りし日の東京、子ども時代の記憶、旨いもの……。「昭和時代」のゆるやかな時間が流れる名作。解説＝関川夏央

天下大乱を生きる

司馬遼太郎／小田実 40741-8

ユニークな組み合わせ、国民作家・司馬遼太郎と“昭和の竜馬”小田実の対談の初めての文庫化。「我らが生きる時代への視点」「現代国家と天皇制をめぐって」「『法人資本主義』と土地公有論」の三部構成。

少年西遊記 1・2・3

杉浦茂 1／40688-6 2／40689-3 3／40690-9

皆さんおなじみの孫悟空でござい。これからぼくの奇妙奇天烈な大暴れぶりを、お目にかけることになったので、応援よろしく。漫画の神様手塚治虫も熱狂した杉浦版西遊記がはじめて連載当時の姿で完全復活！

少年児雷也 1・2

杉浦茂 1／40691-6 2／40692-3

でれでれーん。われらが児雷也の痛快忍術漫画のはじまりはじまり。大蛇丸、ナメクジ太郎ら、一癖もふた癖もあるへんてこ怪人相手に紙面狭しと大暴れ。杉浦茂の代表作がはじめて連載当時の姿で完全復活！

国語の時間

竹西寛子 40604-6

教室だけが「国語の時間」ではない。日常の言葉遣いが社会生活の基盤となる。言葉の楽しさ、恐しさを知る時、人間はより深味を帯びてくる。言葉と人間との豊かな関係を、具体的な例を挙げながら書き継いだ名随筆。

満州帝国

太平洋戦争研究会〔編著〕　40770-8

清朝の廃帝溥儀を擁して日本が中国東北の地に築いた巨大国家、満州帝国。「王道楽土・五族共和」の旗印の下に展開された野望と悲劇の40年。前史から崩壊に至る全史を克明に描いた決定版。図版多数収録。

二・二六事件

太平洋戦争研究会〔編〕　平塚柾緒〔著〕　40782-1

昭和11年2月26日、20数名の帝国陸軍青年将校と彼らの思想に共鳴する民間人が、岡田啓介首相ら政府要人を襲撃、殺害したクーデター未遂事件の全貌！　空前の事件の全経過と歴史の謎を今解き明かす。

太平洋戦争全史

太平洋戦争研究会　池田清〔編〕　40805-7

膨大な破壊と殺戮の悲劇はなぜ起こり、どのような戦いが繰り広げられたか——太平洋戦争の全貌を豊富な写真とともに描く決定版。現代もなお日本人が問い続け、問われ続ける問題は何かを考えるための好著。

ヒゲオヤジの冒険

手塚治虫　40663-3

私立探偵伴俊作、またの名をヒゲオヤジ！　「鉄腕アトム」「ブラック・ジャック」から初期の名作まで、手塚漫画最大のスターの名演作が一堂に！幻の作品「怪人コロンコ博士」を初収録。全11編。

華麗なるロック・ホーム

手塚治虫　40664-0

少年探偵役でデビュー、「バンパイヤ」で悪の化身を演じた、手塚スター一の悪魔的美少年ロック、またの名を間久部緑郎。彼のデビュー作から最後の主演作までを大公開！　「ロック冒険記」幻の最終回。

幸福の無数の断片

中沢新一　40349-6

幸福とは何か、それはいっさいの痕跡を残さないまま、地上から永遠に消え去ってしまうかもしれない人生の可能態。キラキラ飛び散った幸福の瞬間を記録し、その断片たちを出会わせる、知と愛の宝石箱。

南方マンダラ

中沢新一〔編〕　47206-5

歿後50年を経て今、巨大な風貌をあらわしはじめた南方熊楠。日本人の可能性の極限を拓いた巨人の中心思想＝南方マンダラを解き明かす。中沢新一の書き下ろし解題を手がかりに熊楠の奥深い森に分け入る。

時刻表2万キロ

宮脇俊三　47001-6

時刻表を愛読すること40余年の著者が、寸暇を割いて東奔西走、国鉄（現ＪＲ）266線区、２万余キロ全線を乗り終えるまでの涙の物語。日本ノンフィクション賞、新評交通部門賞受賞。

水木しげるの【雨月物語】

水木しげる　40125-6

当代日本の“妖怪博士”が、日本の古典に挑む。中学時代に本書を読んで感銘を受けた著者が、上田秋成の小説をいつか自分の絵で描きたいと念願。「吉備津の釜」、「夢応の鯉魚」、「蛇性の婬」の３篇収録。

妖怪になりたい

水木しげる　40694-7

ひとりだけ落第したのはなぜだったのか？　生まれ変わりは本当なのか？　そしてつげ義春や池上遼一とはいつ出会ったのか？　マンガと同じくらいに深くて魅力的な水木しげるのエッセイを集成したファン待望の一冊。

滑稽漫画館

宮武外骨　吉野孝雄〔編〕　47284-3

奇人でもあり変人でもある明治のジャーナリスト宮武外骨の奇想天外な戯画の数々を、当時の「滑稽新聞」から集めた過激なパロディ集。現代マンガを凌駕する恐るべき発想と爆弾的表現、そしてナンセンスの嵐。

黒い花びら

村松友視　40754-8

昭和歌謡界黄金時代を疾風の如く駆け抜けた、無頼の歌手・水原弘の壮絶な生涯。酒、豪遊、博打、借金に満ちた破天荒な歌手生活を、関係者達の取材を綿密に重ねつつ、波瀾の人生を描く感動のノンフィクション！

犬の記憶

森山大道　47414-4

世界的な評価をえる写真家が、自らの記憶と軌跡を辿りながら、撮影の秘密を明らかにする幻の名著、待望の文庫化。絶妙な文章で描かれる60〜70年代の“闇”への誘い。写真多数収録。写真ファン必携。

犬の記憶　終章

森山大道　47424-3

『犬の記憶』15年の時を経て書かれたその続編。写真家たちとの熱い出会いを通して描く半自伝的エッセイ。時を遡り、空間を彷徨しつつ紡がれる文章は、妖しい輝きを帯びながら写真の始源を開いていく。

べけんや　わが師、桂文楽

柳家小満ん　40756-2

落語家・八代目桂文楽に“一目ぼれ”、芸の世界へ飛び込んだ筆者が、師匠への深い愛情をもって描く、名人の素顔。落語黄金時代の高座やお座敷、なつかしい落語家たちも多数登場。落語ファン必携の一冊。

松坂世代　マツザカ・ジェネレーション

矢崎良一　40819-4

1998年夏の甲子園で日本中を熱くした、奇跡のような若者たちのその後。「最強の世代」といわれる彼らは、松坂大輔とあの夏の体験を追いかけ、それぞれの栄光と挫折を体験する。その生き方を追った感動の書。

良寛異聞

矢代静一　40510-0

“いにしへを思へば夢かうつつかも”“あづさ弓春も春とはおもほえず”超俗的な詩僧・歌僧として知られる良寛の清貧に満ちた生涯を劇的に描く感動の大作！　姉妹篇・戯曲「弥々」を収録。

淀川長治 究極の映画ベスト100

淀川長治　40701-2

『淀川長治映画ベスト1000』の中から究極の百本をよりすぐり、淀川さんの発言・文章をボリュームアップ。グリフィス「イントレランス」から北野武「キッズ・リターン」まで。生涯かけて全作見たい。

著訳者名の後の数字はISBNコードです。頭に「978-4-309」を付け、お近くの書店にてご注文下さい。